MUJER
DE EMPRENDEDORA A
EMPRESARIA

Por:

Maria Romo

"MUJER, DE EMPRENDEDORA A EMPRESARIA"

Maria Romo

DEDICATORIA

Con gran dedicación a miles de mujeres visionarias que se han atrevido a dar ese gran paso como Empresarias y que cada día aprenden a usar más sus talentos y habilidades para desarrollarse en el ámbito de los negocios y salir adelante día a día, aprovechándose de la gran apertura que aparece en este mundo globalizado y versátil.

Maria Romo

"MUJER, DE EMPRENDEDORA A EMPRESARIA"

Maria Romo

AGRADECIMIENTOS

Agradezco primeramente al Creador, a mi Dios, que me hizo MUJER, que le dio luz a mi existencia y me tiene aquí, transmitiendo mis sensaciones y aprendizajes.

A mis benditos hijos Karen y Alex, ya que han sido mis más grandes compañeros de vida y me han enseñado a ser feliz y a luchar día a día por lo que vale la pena en mi historia. Y a mi primera maestra sobre como iniciar en un negocio, mi MAMA, Rosalía Romo... reconozco su compromiso para salir adelante en la vida con espíritu emprendedor.

Al Dr. Natanael Valenzuela, mi mentor, mi amigo, mi consejero en este nuevo proyecto y quien me impulso a realizar este libro, ya que ha identificado en mi esa habilidad de crear, de innovar, de generar proyectos que sacan a flote miles de ideas donde, al llevarse a cabo, ayudarán a muchas mujeres con grandes deseos de triunfar.

5

Maria Romo

"MUJER, DE EMPRENDEDORA A EMPRESARIA"

Maria Romo

PROLOGO

Tener nuestra propia empresa es para muchas mujeres el sueño de toda una vida; para otras, es la esperanza de tener una mejor alternativa a seguir siendo sólo empleadas de alguien más. Esta condición aplica sobre todo en la mujer hispana que vive en Estados Unidos; de hecho, una gran cantidad de ellas ya tiene desarrollando un negocio o está pensando en hacerlo.

Maria Romo

"MUJER, DE EMPRENDEDORA A EMPRESARIA"

Maria Romo

INTRODUCCION

Noviembre de 2014! Comencé a desarrollar las primeras líneas de este material, retomando mi pasión por compartir y lo mejor estará en la simplicidad del mismo.

"Con Fuerza de Mujer", fue mi nacimiento como escritora y me ha hecho feliz. En él transcribí mi sentir como Mujer, y cómo la vida nos va dando la Fuerza que se necesitamos para afrontarla.

Ahora, para estructurar este texto, me he basado en los conceptos y conocimientos que he adquirido, charlas que he impartido y recibido por algunos años y la información que he recopilado... **Por qué a las mujeres? Que esperamos aprender?**

"Mujer Empresaria" arranca con la capacidad de crear que tenemos las benditas mujeres. Vivimos en un ambiente donde ya establecemos prioridades para llevar a la acción lo que queremos. Hoy en día los mensajes que damos son más fuertes y directos que hace 1, 2 ó 3 generaciones y las oportunidades surgen todos los días, al mismo ritmo que los problemas y estamos pagando un precio muy alto por el cambio.

Por el enorme deseo de estar presente en el ambiente empresarial, se nos complica un poco el interactuar con los diversos roles de madre y esposa ideal. El papel de la "mujer" ha cambiado durante los últimos años y por eso se nos dificulta establecer esas prioridades, soñamos en realizar grandes logros en la vida, pero ser una mujer profesional exige responsabilidad y tiempo, pero es aquí donde el estrés sube de nivel, a veces por querer ser la mujer maravilla, nos fijamos metas un poco complicadas para realizar, y nos desgastamos mucho para lograrlas. Así que, a ESTABLECER YA PRIORIDADES!

La mujer de este siglo está siendo creada y transformada biológica y psicológicamente, así que urge prepararnos para dar el gran paso ya!, porque en el camino al éxito habrá tropiezos y fracasos, pero nuestra fe debe permanecer ahí, fuerte e intacta; comprometerte las 24 horas del día, respetar tus creencias y no separarte de Dios en ningún momento, ninguna exigencia es tan especial que te obligue a hacerlo.

Por naturaleza, las mujeres estamos preparadas para ser madres, esposas, cuidar y organizar las tareas del hogar y a través del tiempo nos hemos ido adaptando para ser más capaces de resolver los problemas que se presenten, sobre carencias, presupuestos, atender al esposo, el trabajo, criar a los niños, elegir su educación, cuidar y velar de ellos como su mejor enfermera.

Ahora, **quién es aquella Mujer que hará el mejor papel de su vida**? Aquella que está más capacitada para producir cambios positivos y duraderos; la que ha superado las dificultades y desventajas; la que tiene la facilidad de interactuar en diferentes ámbitos; la que sabe

Maria Romo

guiar, educar y ayudar al desarrollo y avance de los demás.

La **mujer empresaria líder** tiene la capacidad para motivar, estimular la participación y la autoestima, aplica sus habilidades y sabe relacionarse con los demás. La mujer cada día adopta al liderazgo como un medio de transformación de grandes beneficios, por lo tanto, cada vez es mayor la participación de la mujer en todas las áreas. Las empresas deben ya tomarla cada día más en cuenta porque es la que determina las decisiones de compra, maneja bien las emociones y el manejo de conflictos, trabajan mejor en el desarrollo de personas y sus necesidades, son compasivas, cuidan su entorno, son comprometidas, responsables, por tal motivo, es todo un desafío ser una empresaria líder en la actualidad.

La mujer da ese toque diferente al mundo empresarial, amplía soluciones y abre espacios que la llevan a caminos diferentes. Son el sostén de la organización.

Maria Romo

INDICE

DEDICATORIA 3

AGRADECIMIENTOS 5

PROLOGO 7

INTRODUCCION 9

QUE ES SER MUJER? 15

1.- CUAL ES LA DEFINICION DE EMPRESARIO (A): 17

2.- CARACTERISTICAS DE LA MUJER EMPRESARIA 19

3.- LA EMPRESARIA Y SU FAMILIA 27

4.- LA MUJER SOÑADORA Y SUS REALIDADES 31

5.- MUJER VISIONARIA 35

6.- CAMINANDO A LA GRANDEZA 39

7.- IMAGEN DE LA MUJER EMPRESARIA 47

8.- LAS MUJERES PRODUCTIVAS 55

9.- QUE ES EL ÉXITO Y COMO ALCANZARLO 87

10.- SECRETOS DE EMPRESARIAS EXITOSAS 147

11.- RELACIONES PUBLICAS 151

12.- COMO CAMBIAR TUS RESULTADOS PERSONALES 161

13.- CONSEJOS PRACTICOS PARA ABRIR TU PROPIO NEGOCIO 193

Maria Romo

14.- IDEAS DE NEGOCIOS A REALIZAR DESDE CASA............ 213

15.- CONSEJOS MILLONARIOS... 223

Reflexión 227

BIBLIOGRAFIA.. 233

Maria Romo

QUE ES SER MUJER?

Ser Mujer es... CREAR y dar vida, cuidar; es belleza, entrega, dedicación, unión, sabiduría, amor incondicional, paciencia, comprensión, intuición, un cúmulo de sentimientos, capacidad organizacional, inteligencia práctica, calidad de presencia, buscar la armonía, energía de vida, compañía, calidez, humanidad, fortaleza, valentía, es transmisora, transformadora, sustentadora, protectora, versátil, ayuda a crecer, alegría, fuente de vida, EMPRENDEDORA,...

Maria Romo

"MUJER, DE EMPRENDEDORA A EMPRESARIA"

Maria Romo

1.- CUAL ES LA DEFINICION DE EMPRESARIO (A):

Es una persona que resuelve problemas a otras personas a cambio de dinero.

(Alex Dey)

Maria Romo

2.- CARACTERISTICAS DE LA MUJER EMPRESARIA

La mujer exitosa sabe lo importante que es tener las siguientes características y modificar ciertos hábitos, sabe cómo comportarse para modificar su clara realidad, cómo obtener los resultados deseados para llegar a ser una **gran empresaria**:

1) INDEPENDIENTE: obtiene su propia ganancia y disfruta de ella siendo su propia jefa, no depende de nadie. Toma sus propias decisiones de acuerdo a su criterio y conocimiento. Como ser individual, cuida su integridad. No basa su desarrollo o liderazgo en la opinión de los demás.

2) OPORTUNA: sabe identificar necesidades y la forma de satisfacerlas en tiempo. Es una

Maria Romo

visionaria nata. Se da cuenta de su poder y dice NO en el momento adecuado, al igual que expresa lo que piensa con asertividad y defiende lo que cree. Da su opinión sobre algo en cuanto siente que es su tiempo y sabe que es fundamental para tener confianza.

3) **TRABAJADORA**: trabaja duro por mucho tiempo, siempre confía en su labor, en su trabajo, en su fuerza. Emplea estrategias de trabajo para rendir más sin desgastarse tanto.

4) **SEGURA DE SI MISMA**: siente y aplica el poder para hacer frente a los riesgos que implica manejar un negocio propio. Cree en ella misma, deja de basar su autoestima en la opinión que los demás tengan de ella. Se conoce, acepta que tiene autoconfianza y sabe que todo lo puede lograr. Tiene una actitud de triunfadora y actúa como tal. Sabe que es una fuente de inspiración y eso la hace más segura.

5) **DISCIPLINADA**: resiste la tentación de hacer lo que no es importante, porque tiene la

20

habilidad de pensar en lo esencial y se enfoca en ello. Sabe lo que tiene que hacer y lo hace, le guste o no, preparándose así para el éxito.

6) *JUICIOSA*: es racional, piensa rápido y toma decisiones inteligentes. Acepta sus errores y asume su parte. No se derrota, ayuda con humildad y avanza. Si cae no culpa a la gravedad, aunque analiza por qué se cayó para que no vuelva a pasar y siempre usa su sentido del humor porque sabe que es necesario para sobrellevar cada juicio emitido.

7) *ADAPTABLE:* tiene conocimiento de los cambios que ocurren continuamente cuando se es dueña de su propio negocio, prospera con ellos y el negocio crece. No se atora en su pasado y aprende de él. Aunque ha pasado por diversas experiencias, las vive, saca lo mejor y sale adelante de la mejor manera.

8) *EQUILIBRADAS*: en los altibajos que se toman hacia el éxito del negocio; mantiene el equilibrio en sus diferentes facetas para lograr

Maria Romo

enfocarse solo en los resultados finales, cuidando los procesos para llegar a ellos.

9) **CONSTANTE**: tiene una voluntad firme en la consecución de los objetivos cuando determina cumplir con sus metas, o en el modo de realizarlas, de ir tras de ellas.

10) **ENFOCADA**: las ganancias, son su objetivo, sabe que el éxito de su negocio se mide por las mismas. Ve lo positivo de lo que le sucede, se conoce y se enfoca en sus habilidades y fortalezas, destacándose donde le convenga. Se conoce lo suficiente y siempre encuentra el propósito de su vida, sabe que así nada la distrae.

11) **SOÑADORA**: Sueña despierta en lo que tanto desea y da los pasos que la llevan a hacer realidad su sueño. Vuela alto, tiene claro su objetivo y trabaja por él día a día. Sus sueños tienen nombre, precio, fecha, etc.

12) **PONE LÍMITES**: jamás hace cosas que van contra su integridad sólo por agradar a los

Maria Romo

demás. Si algo no va con ella, no lo hace. Este es el resultado de la alta autoestima, jamás hará nada que la lastime por hacer felices a otras personas. Impone sus reglas sin miedo.

13) **DECIDE**: Sabe que darle vueltas a las cosas solo retrasan los resultados y procesos. Hace caso de su instinto y toma las decisiones en su vida. Es ejecutiva: ejecuta acciones, tareas, planes, responsabilidades, disfrutando de sus decisiones.

14) **NO SUPONE**: no inventa historias, construye su realidad a partir de lo que es y de lo que quiere que sea. Es objetiva, analítica, realista y no anda con complots. Es práctica y no se desgasta innecesariamente.

15) **APRENDE E INNOVA**: sabe lo que le viene detrás de cada experiencia. Aunque siente algún miedo a lo desconocido, lo experimenta a sabiendas que es su mejor maestro. Es arriesgada, se pone desafíos y casi siempre sale

Maria Romo

victoriosa. Aprovecha las oportunidades que se le presentan para crear y hacer cambios.

16) RESPONSABLE: sabe a dónde va, piensa en opciones y decide por sí misma lo que le conviene. Sabe que todas las acciones generan consecuencias y afronta cada situación. Se responde a cualquier decisión tomada.

17) SE EJERCITA: sabe que su cuerpo es su estuche y carta de presentación. Ella sabe que un cuerpo sano la llena de vitalidad y le levanta el autoestima.

18) ALTRUISTA: ayuda a otros a pesar de las costumbres y culturas, sabe que si su entorno está contento, ella se puede desarrollar sin contratiempos. Siempre aporta en donde se encuentre.

19) SOCIABLE: se aleja de personas toxicas, busca las relaciones que la enriquezca, en las que puedan aportar y crecer, que la ayude a construir, le sume energía y fuerza para lograr

Maria Romo

sus metas. Entiende que las sonrisas + buen humor + mejor actitud = fórmula para la vida.

20) *COMPROMETIDA*: una vez que fija sus metas y objetivos, se entrega totalmente hasta el logro de los mismos, usa todo su conocimiento y energía para obtener el resultado ya previsto. Se apasiona.

QUIERES SABER SI TIENES MADERA DE EMPRESARIA?

Muchas mujeres tienen diferentes ideas de lo que significa **EMPRENDER**.

EMPRENDEDORA significa aquella persona que es **CAPAZ DE TRANSFORMAR SU NEGOCIO, SU VIDA.**

Podemos decir que cuando la empresaria inicia un negocio tiene que contar en sí misma con PASION, don de SERVICIO y gusto por el COMERCIO.

Maria Romo

ACTIVIDAD:

CON QUE CARACTERISTICAS CUENTAS PARA SER UNA EMPRESARIA?

3.- LA EMPRESARIA Y SU FAMILIA

La Mujer Empresaria debe mantener el equilibrio entre su familia y su profesión, ser mujer en esta sociedad actualmente trae consigo más retos a cumplir y si eres empresaria es más grande el compromiso.

Existe una tendencia de mujeres que crean su propio negocio, y va creciendo de manera impresionante, sobretodo, después de un embarazo. El desarrollo de negocios se ven mucho más activos cuando la mujer tiene ya más de 10 años trabajando para alguien más, cuando son inmigrantes o mujeres creativas y emprendedoras.

En la actualidad, cada vez más hogares están al cargo de una mujer, la madre representa ya, por lo general, la cabeza de la familia. Creíamos que la mujer se había liberado, pero resulta que son demasiadas

Maria Romo

ocupaciones las que ella realiza ahora. En el hogar todavía es desigual la distribución de actividades entre hombres y mujeres; aunque ambos sexos deberían de tener las mismas responsabilidades, cuando se alterna un negocio con el cuidado de la familia, la mujer termina dando más. El crecimiento de la mujer en lo laboral y la economía familiar no ha sido acompañado por la total participación del hombre en las tareas domésticas.

Años atrás se entendía que emprender algo era sólo un pasatiempo para que la mujer se mantuviera ocupada. El primer reto de las madres con un negocio, es el *tiempo*, quieren hacer de todo y no se dan abasto. Las mamás que tienen una empresa quieren ir por el éxito, pero el problema es que muchas veces se sienten solas en su proyecto. Otro obstáculo para la mujer emprendedora es encontrar a la persona ideal y confiable que cuide de sus hijos para ir a trabajar. Necesitan luchar contra la "**culpa**", y peor se sienten cuando consideran

28

que le están dedicando más tiempo al negocio que a los hijos. La mujer emprendedora vive una situación de mucha presión, ya que ser mamá exige tiempo completo, sin importar la edad de los hijos, y si además realiza un negocio, puede ser éste la gota que derrame el vaso, ahí la presión se desborda. Como mujer tienes que controlar tus emociones, entender que no puedes ser perfecta en todo y aceptar tu realidad. Ser buena como mamá y como empresaria es ya un paso enorme, ten la tranquilidad de que para tus hijos eres la "única mamá" y sabrás comprender las diferentes facetas. No te pases la vida probando que eres buena ante los demás, lo primero es aprender a delegar. En tu hogar, procura que cada quien tenga diferentes actividades, ponles horarios y organízalos para que sepan hacer de todo. Ponte y ponles límites de tiempo en cada actividad.

Define cuánto tiempo vas a dedicar al negocio y cuanto a la familia y sé firme. Vive tu

29

presente en el trabajo y en la familia, tendrás más concentración, efectividad y rapidez. Si sabes emplear bien estos conceptos, cuando llegues a casa disfrutarás de cada momento y esto favorecerá a que tu familia respete mucho más tus ausencias. La familia no se sentirá desatendida y serás más eficiente en tu trabajo.

ACTIVIDAD:

QUE HORARIOS EMPLEAS PARA TU NEGOCIO Y PARA TU HOGAR?

_____

_____

DE TU FAMILIA, QUIEN TRABAJA CONTIGO EN TU PROYECTO EMPRESARIAL Y DE QUE MANERA?

_____

_____

_____

_____

_____

4.- LA MUJER SOÑADORA Y SUS REALIDADES

Hay quien dice que "Los Sueños son las Semillas de las Realidades" y estoy segura que es verdad. Siendo una mujer emprendedora, sabes que los sueños serán siempre parte de tu vida, sin ellos no existe creatividad, son los que mantienen esa actitud de salir adelante y luchar, para así conseguir los que quieres. Sabes que los sueños no sólo son imaginarios y tendrás que ponerle acción para hacerlos realidad.

Te compartiré 5 tipos de mujeres soñadoras:

1) *LAS QUE SUEÑAN CON SU PASADO.-* están dejando pasar el tiempo más valioso: **el PRESENTE, el HOY, el AHORA**. Viven de experiencias pasadas y su deber es rescatar las enseñanzas que su pasado

31

les dejó, darle las gracias, cerrar el ciclo y seguir su camino.

2) *LAS QUE SUEÑAN EN PEQUEÑO*.- son conformistas, no se atreven a luchar por sus sueños, buscan lo más fácil, no dan el extra que se requiere. Se enfocan mucho en los obstáculos y jamás se atreven a soñar en grande.

3) *LAS QUE LOGRAN EL SUEÑO Y LUEGO VIVEN DESANIMADAS*.- algunas logran alcanzar su sueño y después se paralizan, ya no van por más, por lo general, esto pasa porque en algún tiempo de su vida, lucharon por lograr un sueño y al llegar a su meta, se dieron cuenta que descuidaron aspectos importantes de su vida, para esto tiene que lograr un equilibrio en lo general.

4) *LAS QUE SUEÑAN EN GRANDE, Y NO TIENEN UN PLAN DEFINIDO, TERMINAN EN NADA*.- hay mujeres que sueñan a lo

Maria Romo

grande pero nunca hacen un plan de acción, sus sueños nunca pasan de ser sueños. Para muchas resulta muy fácil decir, quiero poner un negocio, pero nunca le ponen una fecha, no investigan, no accionan y, por lo tanto, no hay resultados.

5) *LAS QUE SUEÑAN EN GRANDE, ALCANZAN EL SUEÑO Y CONTINUAN SOÑANDO MÁS GRANDE*.- este tipo de actitud es la que toda mujer empresaria debe de tener. El que sueñes en grande, el que hagas tu plan de acción, para poder realizarlos, escoger el vehículo correcto que te llevará a lograrlo y que además de conseguirlo te lleve a emprender nuevas cosas y alcanzar nuevos sueños *ES INCREÍBLE*. No importan las situaciones que se presenten en el camino, lo logran! Sabemos que alcanzar los sueños no es fácil, tienes que dejar tu zona cómoda y

33

Maria Romo

es ahí donde varias mujeres se quedan estancadas o dormidas.

Las personas grandes tienen sueños grandes, las personas pequeñas tienen sueños pequeños. ¿Deseas realmente cambiar?, empieza por cambiar el tamaño de tus sueños.

ACTIVIDAD:

Cuál es tu sueño más grande que deseas realizar hoy en día? Descríbelo Aquí! Y Cuándo lo vas a hacer realidad?

_____

_____

_____

_____

_____

_____

_____

5.-MUJER VISIONARIA

Una mujer con visión planifica, sabe tratar a la gente, evalúa las situaciones detalladamente, implementa un plan de acción para poder llegar a los objetivos deseados. Como líder se convierte en ejemplo a seguir para las personas. Quieres saber si dentro de tu equipo de trabajo tienes mujeres visionarias, descubre estas características principales:

POSITIVA.- siempre llega con la mejor actitud, ella es la persona que si cree que algo está saliendo mal, ve el lado positivo, y rápidamente busca solucionar el problema. Transmite su energía y logra que la gente quiera trabajar con ella.

ABRE SU MENTE A NUEVAS IDEAS.- esta en busca de nuevas e innovadoras ideas. Siempre escucha lo que otro tenga que decir. Jamás se limita en cuanto a sus pensamientos e ideas, por lo regular se expresa abiertamente, sin

35

Maria Romo

importar lo que opinen los demás, además hace que las personas que están con ella aporten las ideas que tienen.

CREATIVA.- visualiza las cosas fácilmente, la distingue rápido ya que su imaginación sobresale dentro del grupo, siempre trata de explicar lo que ve en su mente. Ella puede ver las posibilidades que existen a futuro. Imagina cosas que otras personas no pueden. Este tipo de mujer siempre aportará algo valioso a tu negocio, ya que puede ver miles de posibilidades.

ENFOCADA.- sabe lo que quiere obtener y nada la saca de su camino. Es una mujer que vive en el presente y tiene la capacidad de poder crear cosas a futuro, pero toma la acción ya para hacerlo realidad. Crean tanta sinergia a su alrededor, que por lo regular, están rodeadas de gente que la admiran.

COMPARTE SU VISION, SUS SUEÑOS.- los comparte porque sabe que necesita de más gente para poder alcanzarlos, podrá atraer más gente a su vida, a quienes tengan sus mismos ideales y luchen por conseguir esos sueños.

Rodéate de gente visionaria como tú, que aporten algo a tu negocio, a tu vida y además, ayuden a otros. Ahora podrás saber si realmente estas con las personas correctas.

ACTIVIDAD:

Como te visualizas dentro de cinco años en el sector empresarial?

_____

_____

_____

_____

_____

_____

_____

Maria Romo

"MUJER, DE EMPRENDEDORA A EMPRESARIA"

Maria Romo

6.- CAMINANDO A LA GRANDEZA

Para poder alejarnos "de algo" debemos conocer su naturaleza, cualquiera que esta sea. No se puede evitar lo que se desconoce. El fracaso es aquello que relacionamos a la **mala terminación de algo** o al **NO logro de los objetivos** en alguna acción.

Según el diccionario, Fracaso significa: "Malogro, resultado adverso de una empresa o negocio." Es muy claro y específico en su definición al mencionarnos "**resultado adverso de una empresa...**", no define el fracaso como una condición definitiva y final de dicha empresa o negocio, pero es de este último enunciado donde proviene el verdadero fracaso, cuando asociamos el fracaso a la terminación fatal de algo, y en algunos casos extremos lo asociamos a la personalidad llamada "fracasado", porque sólo en la mente de quien se adquiere dicha personalidad, se da

39

cabida a ese pensamiento. El fracaso nos enseña, nos hace más sabias, más fuertes y más resistentes, contiene energía que podemos manejar y lo más importante, es que a través del fracaso conseguimos entender un poco acerca de lo que nos va ocurriendo.

Mujeres, démonos la oportunidad de aprender del fracaso. El fracaso tiene diferentes efectos de acuerdo a cada personalidad, para algunas el fracaso es algo que debe ser soportado, algunas consideran que solo así estarán preparadas para los desafíos que están por venir, para otras, el fracaso es el final, las cierra, perdiendo la confianza en sí mismas y las deja con menos recursos para manejarse en la vida y peor aún, para comenzar otro proyecto.

Se dice que el fracaso contiene las semillas del éxito, esto ocurre cuando permitimos que el fracaso se convierta en una bendición, en una oportunidad. El fracaso contiene información valiosa y, si se utiliza

Maria Romo

adecuadamente, tiene el poder de definir un hecho. El fracaso ha sido en muchas historias de superación ese factor esencial que trajo consigo los frutos no previstos y sorpresas jamás imaginadas y en muchos casos, el temido "fracaso" termina siendo el que llevó de la mano al éxito no previsto anteriormente.

Cuando fallamos en algo, nos sentimos tristes, el hecho te baja la moral y te incomoda, pero si le vemos el lado positivo también trae algunas consecuencias muy valiosas y beneficios que no se discuten, se requiere de mucho coraje, trabajo, determinación y fuerza, porque esto resulta para mucha gente motivo suficiente para evitarlo y aparece entonces el orgullo, que no es bueno y nos conduce a lo que no queremos. Ante el fracaso, solemos pedir disculpas, justificarnos y encontramos maneras para salir de él, ante esta situación, por lo general, uno se detiene a reflexionar en lo que nunca conviene repetir. Si sabemos aprovechar el fracaso, nos encamina a mejorar y cuando surge esa idea, nos encontramos con una esperanza y lo más seguro es que la experiencia de fracaso te dejará una buena enseñanza, y quédate con ella, esta realidad te está trayendo lecciones que valen la pena aprender, no etiquetes el fracaso de un modo negativo, se tiene que aprender de él. El fracaso es un maestro muy duro, pero prefiero verlo así porque nos enseña cosas valiosas para nuestro propio bien, nos hace pasar por pruebas y desafíos duros para las que no estamos preparadas; entonces descubrimos nuestra velocidad para aprender de él. Hay lecciones que nos cuesta aprender, hay cosas que no queremos ver y nos hacemos de "la vista gorda" o a veces nos convertimos en "sabelotodo", la vida no nos engaña y rápidamente nos envía al fracaso para que entendamos de una buena vez, lo mejor es aceptar tal situación, tenemos que estudiar el proceso y continuar. Hay personas, que ante estas situaciones, se desmoralizan y siguen cometiendo los mismos errores, en lugar de estudiar lo acontecido, adoptan una mala actitud, de amargura, dejándose vencer, equivocando su camino y aplazando sus objetivos.

Para sentir el fracaso tuviste que haber iniciado algo, ya sea una dieta, una amistad, una relación amorosa, un proyecto, quizá hayas trabajado o estudiado durante un largo tiempo, y haber tomado una decisión equivocada, o decidiste no realizar alguna actividad que te hubiera convenido hacerla, posiblemente invertiste algún dinero. Si has conocido el fracaso, quiere decir que has puesto acción, has tomado medidas y decisiones acerca de cosas para hacer y cosas para no hacer y te encuentras ahora en condiciones para mejorar y cambiar. Si la persona está en el momento justo para hacer ese clic y cambia para crecer por fin, y se niega a hacerlo o renuncia, entonces allí está el fracaso, es esta actitud la que hay que lamentar y no el "fracaso" anterior que le da una lección y la obliga a una actitud positiva, de poco sirven la resistencia, la renuncia, la protesta, la resignación. Ante el fracaso no podemos pretender que el mundo cambie, solo podemos cambiar nosotras. El fracaso nos llega a todas alguna vez en la vida, y cuando lo hace, tenemos que aprovecharlo, sacarle el jugo que se pueda, porque contiene todo lo que necesitamos para poder evolucionar. El fracaso contiene energía que se le debe manejar, será indispensable orientar a la mente hacia la certeza, no hacia la incertidumbre, aprende a orientar a tu mente, ella te traerá información muy precisa y útil. Al vivir esta experiencia, debemos vacunarnos contra muchos factores para poder garantizar el éxito. Debemos tener en cuenta a las que se están reponiendo de un fracaso, y que al cabo de un tiempo "algo" que no pueden explicarse las impulsa a cometer de nuevo aquellos fatales errores, este "algo" es una puerta de energía negativa aún abierta que se debe cerrar inmediatamente y dejarla ir.

Aspirar a una vida sin problemas ni fracasos, es NO VIVIR en la realidad, el fracaso es parte de la vida y es fundamental para el crecimiento de cualquier persona. Siempre hay algo para hacer y por consecuencia, se entra en contacto con el fracaso, lo que debería hacerse ante tal experiencia, es aprovecharlo, trabajarlo y llegar al fondo mediante el recurso de la pregunta que lleve a una reflexión que se oriente hacia lo positivo y productivo. El fracaso tiene mucho para dar y enseñar, cada persona tiene sus tiempos y conflictos y merece aprender de su propio fracaso, fijar la prueba y sellar la lección. Para reflexionar, uno tiene que estar seguro de que está comprometido con el éxito, es una condición, pero algo sucede, no todas las personas que se quejan y se lamentan de su fracaso se identifican con el éxito. Al fracaso por lo tanto hay que estudiarlo, entenderlo bien y luego rechazar esa parte que merece ser modificada. Si el reto que propone el fracaso es aprender la lección, el medio para

45

conseguirlo siempre será hacerse una pregunta inteligente,...

... qué pregunta que todavía no te has animado a formularte te harías ahora mismo respecto de algún fracaso del pasado?

_____

_____

_____

_____

_____

Maria Romo

7.- IMAGEN DE LA MUJER EMPRESARIA

¿Consideras que tu imagen es importante? Claro que sí!

En cuanto a BELLEZA podemos definirla como: la armonía global, física y psíquica de un individuo. Es decir, que sin tener en cuenta por separado cada elemento que compone su cuerpo, aparezca ante nosotros como un todo armónico.

En lo físico: Al verlo, podremos decir que el conjunto de elementos que lo componen (cabeza, rostro, conformación corporal, cuidado estético y cosmético) tienen una relación agradable, es decir **armonía.**

En lo psíquico: Tendremos en cuenta su carácter, sus sentimientos, su espíritu, además consideraremos su forma de comunicarse, sus modales, su manera de expresarse.

Maria Romo

"CAMBIA LO QUE PUEDAS Y LO QUE NO, ACEPTALO!"

En estos tiempos tan cambiantes, es muy importante considerar TU IMAGEN, a diario se transmiten programas de radio, televisión, internet, y todos enfocados en la imagen; esto se ha vuelto todo un fenómeno mundial.

"Una imagen vale más que mil palabras", una imagen lo puede decir todo. Nuestra imagen refleja lo que somos y lo que no somos; nuestros complejos, inseguridades, creencias, miedos, y también nuestra actitud positiva o negativa. La imagen no es cuestión de dinero, sino de cómo lo hemos invertido.

Si queremos comunicar a través de nuestra imagen debemos fortalecer y definir muy bien nuestra personalidad y necesitamos tener en cuenta lo siguiente:

Maria Romo

Tu Vestimenta – Tu Cuerpo (por dentro y por fuera) - Tu Estética - Las reglas de etiqueta - La Cosmetología – Tus Expresiones, Verbales y Corporales

Con esto podemos lograr y dar una buena imagen, aunque existen más elementos para mejorarla, es suficiente por ahora para impactar ya con **el reflejo de una imagen exitosa.**

Un punto importantísimo es la comunicación con los demás y lo hacemos de diferentes maneras: cara a cara o personal, telefónica, visual, escrita, etc., en cada una de ellas demostramos el placer por hablar con la otra persona, este resulta ser un mecanismo de poder para sentirnos bien, y hacer sentir bien al otro, sin embargo, para lograr un mejor resultado en lo que queremos expresar, debemos aprender a:

ESCUCHAR, HABLAR y CALLAR

49

Algo de gran valor en la buena comunicación y que además motiva, es el valor de la SONRISA, es un recurso propio de cada persona y tenemos que aprovecharlo al máximo. Para lograr una comunicación efectiva debemos conocernos por dentro y por fuera, recordemos que somos lo que comunicamos. La comunicación y la imagen van unidas siempre, uno sin el otro no puede actuar, por eso debemos tener presente:

*Lo Que Haces *Lo Que Dices *Como Lo Dices *Tu Apariencia*

Ahora sí, tenemos un fuerte propósito, MEJORAR NUESTRA COMUNICACIÓN E IMAGEN y nuestro éxito será el resultado de un plan de trabajo inteligente, es aquí donde debemos conocer lo siguiente:

Mi Autoestima: el querernos nos ayuda a sentirnos bien con nosotras mismas y da de resultando la facilidad de transmitir lo que deseamos.

Maria Romo

Mi Interés: hay que interesarnos en lo que somos y en lo que hacemos.

Mis Metas: claras y específicas, fijar objetivos y propósitos sin duda nos llevarán a ser realmente exitosas.

Mi Trabajo: siempre debemos de estar dispuestas a aprender algo y a mejorarlo, a realizar actividades donde desarrollemos nuestras habilidades. Adquirir valores universales diariamente y sobre todo, actuar con mente empresarial.

Mi Comunicación: debemos comunicar con nuestra imagen lo que somos, y estar dispuestas siempre a reflejar la imagen más idónea a lo que queremos.

Para proyectar nuestra imagen debemos definir un estilo, me refiero al conjunto de características físicas que determinan el tipo de imagen y si ésta no corresponde al tuyo, proyectará y resaltará todos tus caracteres

Maria Romo

negativos, así que debemos tener mucho cuidado.

Atrévete a vivir, escucha tu interior y deja salir lo hermoso que llevas dentro, decídete ya por ser una mejor persona y tu imagen cambiará. Disfruta de tu imagen a partir de hoy, quiérete por fuera y por dentro cada día más, y así lograrás una imagen satisfactoria. Identifica bien quién quieres ser, visualízate ya en la persona que quieres ser, imagina cómo hablas, cómo piensas, cómo caminas, cómo te ves, cómo te relacionas con los demás; finge que ya eres esa persona, adopta su postura, habla, dirígete, actúa y, CRÉETELO; no lo dudes. Debemos mencionar que cualquier acción que llevemos a cabo no es mala si con ella no afectamos los derechos de las personas que nos rodean.

Tu percepción personal tuvo que haber cambiado ya, y ahora estamos conscientes de que la mejora continua siempre estará presente, así que el siguiente paso es:

Maria Romo

"RODEARTE DE GENTE POSITIVA Y ALEJARTE DE GENTE NEGATIVA"

Recuerda que somos como imanes, atraemos lo que somos y somos lo que pensamos. Si tú te rodeas de gente positiva, de los que buscan mejorar día a día, es natural que día a día tu también mejores personalmente, y al ser mejor, atraerás lo bueno, lo positivo, lo mejor, y créeme que no solo atraerás personas que te harán mejorar internamente, también llegarán mejores oportunidades en los diferentes ámbitos vivenciales y cuando esto suceda, **"SIRVETE CON LA CUCHARA GRANDE".**

ACTIVIDAD:

¿Cuál es la imagen física que quieres proyectar en tu nuevo negocio? Descríbete!

_____

_____

_____

_____

53

Maria Romo

"MUJER, DE EMPRENDEDORA A EMPRESARIA"

Maria Romo

8.- LAS MUJERES PRODUCTIVAS

Una gran mayoría de las mujeres se encuentran con trabajos deficientes, o con poca actividad laboral; el sector informal se ha vuelto un refugio, viviendo ahí la cruda realidad, y en muchos casos teniendo el compromiso de sostener económicamente la familia al 100%. Por lo general, realizan diferentes actividades en forma individual o con otras personas pero con muchas dificultades para prosperar sin lograr un verdadero crecimiento, no solo por la falta de apoyo financiero, también por carecer de una estructura técnica que las ayude a lograr una mejor planificación de los proyectos, aunque tienen la ventaja de que su condición y trayectoria de vida les permite desarrollar ciertas habilidades, experiencias y conocimientos que pueden aprovechar en la continuidad de los mismos.

55

Las mujeres emprendedoras necesitan las herramientas adecuadas para organizarse en los proyectos, ideas de negocios o empresas actuales, así lograrán llegar a sus metas, entre las cuales debe estar el crecimiento de las empresas, ya que existe un notorio problema, la mayoría de las actividades productivas están ligadas con la familia, con poco capital, limitada tecnología y con poca participación en el sector productivo. Una gran mayoría realizan gran parte de las actividades productivas dentro del hogar, no cuentan con locales fijos, por lo tanto, se vuelve invisible su aporte productivo, afectando el crecimiento de los proyectos.

Aquí   es el momento de hacer un Plan De Negocios

El Plan de Negocios es importante, pero muchas no saben muy bien para qué sirve o en qué caso se va a utilizar.

Pensar en el **PLAN DE NEGOCIOS** es pensar en:

Maria Romo

<u>QUÉ QUIERO HACER, CÓMO, CUÁNDO Y DÓNDE LO VOY A HACER</u>

Para saber más, comencemos con un relato:

María atravesaba por un fuerte problema económico, le urgía resolver su situación. Una amiga le prestó una máquina para hacer bolsas y comenzara a producir. María inició la actividad colocando un anuncio en su casa, la salida del producto era lento, así que las bolsas comenzaron a ocupar demasiado espacio en su casa, por lo que decidió salir a ofrecerlas a las tienditas cercana; algunos le compraron en pocas cantidades quejándose del precio, otros querían una marca conocida, María se sintió frustrada pero no se rendía; siguió tocando puertas, hasta que llegó a un mercado que se caracteriza por vender artículos a precios accesibles, sin pensarlo, María obtuvo un pedido de 500 bolsas para ser entregadas en 15 días, ella no disponía del capital necesario para poder comprar la materia prima y realizar la entrega,

57

por lo que comenzó a tocar otras puertas. Recorrió distintas financieras para solicitar créditos, mismas que le requerían el **Plan de Negocio** para evaluar las posibilidades de su proyecto. María descubrió que no tenía ni los conocimientos ni el tiempo para realizarlo, por lo que terminó tomando un crédito con prestamistas ilegales, con una tasa de interés alta. Inició la producción de las 500 bolsas, y para esto ya había perdido una semana tocando puertas, por lo que le quedaban 10 días para realizar la entrega. Llegados los 10 días, no pudo cumplir con el pedido realizado ya que solo alcanzó a fabricar 100, se las recibieron pero no volvieron a hacerle más pedidos, perdió ese cliente, hubo producto que lo dejó en consignación y no lo cobró, ahora al problema inicial le sumó otro problema extra, se había endeudado para tratar de responder a los pedidos y no disponía del dinero suficiente para hacer frente a la deuda.

Maria Romo

- ¿Conoces a alguien a quién le haya ocurrido algo similar?

Existen unos pasos previos al inicio de un proyecto, que si los llevamos a cabo evitaríamos el error de descapitalizarnos. Por lo general, pensamos que organizándonos mentalmente es suficiente para llevarlo realizarlo, generaciones pasadas lo hicieron así, pero la actualidad es diferente, la sociedad se ha vuelto tan compleja de tal manera que es imposible replicar situaciones exitosas. Ahora es una obligación planificar paso a paso nuestras actividades, y en particular las económicas.

Iniciemos ya, con el desarrollo de un:

PLAN DE NEGOCIOS

(Éste es solo un ejemplo a seguir)

1.- INTRODUCCION

Carta introductoria, portada, índice y resumen ejecutivo.

Maria Romo

CARTA INTRODUCTORIA: explica brevemente la razón por la cual se está haciendo el plan de negocios y subraya los puntos que crees son importantes para quien lo lee. Esta carta debe ser de menos de una página.

PORTADA: incluirá nombre de la empresa y logotipo, dirección, número de teléfono, de fax, dirección de correo electrónico, página de internet, el nombre y título del director general, foto del producto o servicio. Cada plan de negocios debe ser numerado para tener un registro de cada copia que se ha enviado e incluir la fecha para diferenciar cada plan de versiones futuras.

INDICE: facilitará a los lectores el estudio del plan de negocios. No te olvides de numerar todas las páginas para permitir que el lector regrese fácilmente a las partes de su interés.

RESUMEN EJECUTIVO: por lo general, es lo primero que verán los lectores. Dicho resumen deberá captar la atención de los lectores al resaltar lo más importante del documento. El resumen ejecutivo tiene una longitud entre una y dos páginas y responde a las siguientes preguntas:

1) Qué producto o servicio va a ofrecer la empresa?

2) Qué necesidades se están cubriendo o qué problema se está solucionando?

3) Cuál es el modelo de negocio (fuente de ingreso principal)?

4) Quiénes son sus competidores (y cuál es tu ventaja competitiva sustentable)?

5) Quiénes son sus clientes y cuál es su mercado objetivo (y tamaño de mercado)?

6) Quién (es) está (n) en el equipo gerencial?

7) Cuál es el estado actual del desarrollo del producto, idea, etc.?

8) Cuánto dinero está buscando obtener para el negocio?

Maria Romo

9) Cuál es la valuación de la empresa que está buscando?

10) Cuál es la estructura actual de la propiedad de la empresa?

2.- DESCRIPCION DEL NEGOCIO

Información Sobre la Empresa: MISIÓN de la empresa, OBJETIVO del negocio y el MERCADO objetivo.

Otros Puntos a Cubrir:

1) Breve historia de la compañía

2) Qué tipo de negocio es?, Mayoreo o menudeo?, Manufacturas o servicios?

3) Cuándo se fundó la empresa?

4) Cuál es la estructura legal de la empresa (sociedad anónima, de responsabilidad limitada, etc.)?

5) Quiénes son los propietarios de la empresa y qué experiencia tienen?

6) Qué necesidades del mercado se van a cubrir?

7) Cómo esta posicionado el producto o servicio y cuáles son los beneficios para los clientes?

8) Describir si es un proveedor de bajo costo, un proveedor de calidad superior, si tu producto crea mayores eficiencias, productividad, conveniencia o si resuelve un problema.

SUGERENCIAS:

- Nunca cometas el error de basar las observaciones de mercado en supuestos. Cita estudios independientes (por ejemplo: asociaciones, publicaciones de la industria, artículos de periódico, etc.) y ofrece hechos para soportar tus observaciones. Asegúrate de indicar todas las fuentes.

- Si tu empresa ya está funcionando, es posible que haya tenidos algunos tropiezos. Si es así, descríbelos y di qué se hizo para sobreponerse a ellos y para evitar recaídas. Omitir problemas del pasado, puede parecer que el plan está demasiado editado.

- Explica qué hace a tu plan ÚNICO y qué es lo que va a permitir que sea EXITOSO. No solo digas que vas a ofrecer el mejor servicio, detalla por qué va a ser un mejor servicio.

3.- EL MERCADO

El Mercado lo Constituye la Oferta y Demanda de Productos y Servicios.

- Describe tu nicho de mercado, el cliente, la competencia, ventas presentes y futuras.

- Define el tamaño y segmento del mercado al que se va a enfocar la empresa. Utiliza números de fuentes independientes para comprobar que hay un mercado viable y su potencial de crecimiento.

- Trata de utilizar grupos de enfoque y/o hacer investigación con miembros del mercado objetivo. Crea una descripción del mercado objetivo (sean los clientes personas físicas o

Maria Romo

empresas) utilizando: geografía, estilo de vida, género, edad, ocupación, tamaño de las empresas y demás características.

- Incluye algunos hechos y discusión sobre tendencias en la industria, nuevas tecnologías, nuevos modelos de negocio, necesidades de los clientes y cómo están afectando el crecimiento del mercado.

CLIENTES: Es importante ser específico y detallado al describir el cliente para tu producto o servicio, por ejemplo: si son conscientes del costo de la calidad, qué tan importante es para ellos la marca, bajo qué circunstancias compran, cómo afecta la estacionalidad, si tienen alguna preferencia geográfica.

Cuando sea posible, nombra a clientes claves que hayan comprado ya o indicado algún interés en el producto.

COMPETENCIA: aquí se debe develar cómo los productos o servicios de la empresa encajan con el ambiente competitivo. Demuestra cómo tu plan lidia con las barreras de entrada de la industria. En la medida de lo posible, presenta una lista corta de tus competidores principales con sus ventas anuales y porcentaje de mercado.

Haz un análisis realista de las fortalezas y debilidades y servicios de la competencia, la evaluación deberá incluir alguna explicación de cómo planea posicionar su empresa frente a la competencia, si el producto/servicio tiene atributos especiales, como una patente, secretos industriales o propiedad intelectual, menciónelo también.

VENTAS ESTIMADAS: están basadas en análisis de las ventajas del producto o servicio, los clientes, el tamaño de mercado, la competencia y cómo entra al mercado. Esto debe incluir ventas en unidades y en dinero para los próximos cinco años. Estos números serán importantes y deberán ser la base para los demás documentos financieros presentados en el plan de negocios.

Maria Romo

SUGERENCIAS:

- Nunca digas "No tenemos competencia". Todos los negocios tienen competencia.

- Incluye detalles de la región geográfica a la cual piensas vender. El mercado es regional, nacional, internacional o local?

- Asegúrate que está enfocado hacia el mercado y no hacia el producto. Antes de que la gente te dé dinero, debe comprender cómo tu producto o servicio va a ser recibido por el mercado, que beneficios van a tener los usuarios y por qué van a estar motivados a comprar.

4.- DESARROLLO Y PRODUCCION

Producto o Servicio: Descripción, Producción e Instalaciones.

Describe el estado actual de tu producto y/o servicio y qué queda por hacer para que esté listo y ser vendido. Lleva al lector a través de las etapas de la fabricación del producto desde la idea a cuando puede ser vendido. Identifica los

Maria Romo

problemas del diseño y desarrollo previstos y sus soluciones. Si es una empresa de servicio, describe el proceso de la entrega de servicio.

Describe el tipo de instalaciones, el espacio de oficina, maquinaria y fuerza de trabajo que se necesitan. Da una justificación para la estrategia de compra, construcción o asociación. Dicha decisión estratégica se refiere a si es mejor crear todos los componentes necesarios para la fabricación del producto o servicio, comprar las empresas que tienen dichos componentes o si es mejor asociarse con otros que provean algunos o todos los componentes del producto o servicio.

SUGERENCIAS:

- Qué tan escalable es el producto o servicio? si se duplicaran las ventas, cómo manejaría el crecimiento?, necesitaría capital adicional y tiempo?, en este caso, cuánto capital y cuánto tiempo?

Maria Romo

- Justifica tu estrategia de compra, construcción o asociación al explicar su proceso de decisión.

- Busca una asociación dentro de la industria para conseguir ayuda con el desarrollo del producto o servicio.

- Describe el tiempo y pasos necesarios para llevar el producto o servicio al mercado y después hacia la rentabilidad. Utiliza gráficos y tablas cuando sea útil para ilustrar el caso.

5.- VENTAS Y MERCADOTECNIA

Cual será tu Estrategia de Ventas y de Mercadotecnia?

El plan de marketing (mercadeo) consta de 4 partes:

PRODUCTO - PRECIO - PROMOCIÓN - DISTRIBUCIÓN

Explica si utilizarás fuerza de ventas de la empresa, representantes independientes de ventas, mercadotecnia directa y/o tele marketing para promover el producto o servicio. Detalle los descuentos a dar a los mayoristas, distribuidores, minoristas y las comisiones a ser pagadas. Además describe los derechos de distribución exclusivos y otras políticas especiales.

Qué Características del Producto y Servicio vas a Enfatizar para hacer que los Clientes Pongan Atención a la Empresa?

Como parte de la estrategia de mercadotecnia debes hablar de las políticas de precios. Es una de las decisiones más importantes porque el precio debe ser el correcto para ingresar al mercado, conservarlo y producir las utilidades esperadas. Es importante no subestimar los costos ya que es un error bastante común.

Si están planeando hacer una campaña publicitaria, debes incluir una descripción de todos los medios que planea utilizar (ejemplo televisión, radio, revistas, internet, etc.)

SUGERENCIAS:

70

Maria Romo

- No confundas ventas con mercadotecnia. Las ventas se enfocan en cómo hacer llegar los productos a las manos del cliente. La mercadotecnia tiene el objetivo de educar a los clientes potenciales sobre su producto.

- No asumas que una red de distribución va a poner atención a tus productos o servicios. Debes crear una estructura de incentivos para empujar la venta de los mismos.

- Si ofreces un producto que requiere soporte u ofrece una garantía, indica la importancia de ésta en el proceso de decisión del cliente y explica la manera de manejar el servicio.

6.- DIRECCION

Quiénes Dirigen y Forman la Empresa?

Describe a los directores de la empresa, con sus responsabilidades y experiencia. Para puestos que todavía están vacantes, describe a la persona que se necesita contratar para lograr los objetivos, cada perfil debe ser limitado a un

71

párrafo o dos. El currículum de cada director clave debe ser incluido en el apéndice, incluye un diagrama de la organización cuando sea útil hacerlo.

La corta sección sobre la estructura accionaria de la empresa, puede ayudar a los lectores a comprender quiénes tomarán las decisiones. Los inversionistas potenciales deben saber qué porcentaje de la empresa está en oferta.

Un consejo fuerte o unos buenos mentores pueden ser positivos, pueden agregar credibilidad al equipo directivo e incrementar las probabilidades de éxito. Detalla quién está en el concejo, incluyendo nombres, empleo, capacitación, educación y experiencia. Haz un análisis de las experiencias de cada consejero y la razón por la cual ellos pueden ayudar a su negocio a ser exitoso.

Se deben mencionar otras figuras de soporte como son: consejo, asesor, abogados, contadores, agencias de publicidad, bancos y otras organizaciones de apoyo que puedan indicar que otros tienen fe en la empresa así cómo la habilidad de atraer talento.

SUGERENCIAS:

- Siempre escribe el currículum en orden cronológico inverso, escribiendo la última experiencia al principio de la hoja.

- Crea un concejo que complemente las habilidades o recursos de los directores de la empresa.

- Incluye una descripción de los sueldos y bonos ejecutivos. Los fundadores que esperan salarios muy altos son un foco rojo para los inversionistas.

7.- FINANZAS

Flujo de Efectivo, Estado de Resultados y Balance

Maria Romo

El flujo de efectivo muestra cuánto dinero se necesita y de dónde se obtendrán los fondos; detalla las fuentes de ingreso menos los gastos y requerimientos de capital para obtener un dato de flujo neto. Es común mostrar tres años de proyecciones de flujo de efectivo.

El estado de resultados es donde se muestra que la empresa tiene potencial de generar dinero. Este documento es donde se demuestran los ingresos, costos y gastos. El resultado de combinar dichos elementos demuestra cuánto dinero va a ganar o perder la empresa durante cada año. Suele expresarse en forma mensual para el primer año y a partir de eso en forma anual. Analice brevemente el estado de resultados y presente lo que encontró en el plan de negocios. Una de las cosas que analizan los inversionistas son los costos fijos contra los variables, ya que es importante al analizar la rentabilidad y el potencial de escalar el negocio. Si la empresa

Maria Romo

ya está en operación, incluye estados de resultados para periodos anteriores.

A diferencia de los demás estados financieros, el balance es una fotografía de la empresa tomada en un cierto punto en el tiempo, típicamente cada año para calcular el valor neto de la empresa. Si la empresa ya está en operación, incluya el último balance.

8.- NECESIDAD DE FINANCIAMIENTO

Debe Hacer una Sección Dirigida a los Posibles Inversionistas

Aportaciones de capital necesarias para el funcionamiento o desarrollo de la empresa.

9.- APRENDICE

SUGERENCIAS FINALES

- No escribas un documento demasiado largo. El plan de negocio ideal debe ser de 30 páginas o menos.

75

Maria Romo

- No evites exponer los problemas y riesgos. Todos los negocios tienen riesgos.

- Debes de tener un plan de acción y un objetivo.

- Tómate tu tiempo. Un buen plan de negocios es fundamental y no se puede hacer de la noche a la mañana.

- Haz que personas expertas revisen tu plan. Las preguntas claves para el lector son: captó su atención?, le parece una buena oportunidad de inversión?, fue fácil de comprender?

No dejen para mañana el <u>PLAN DE NEGOCIO</u> que puedan realizar hoy.

A H O R A   M Á S   S E N C I L L O:

DE UNA GRAN IDEA A ….. EMPRENDER!

Maria Romo

IDEA DE NEGOCIO te lleva a un **PLAN DE NEGOCIOS** el cual pide un **PLAN ESTRATEGICO** y éste te exije que **PONGAS ACCION!**

Esta es la secuencia del emprendimiento para el lanzamiento de tu proyecto.

LA IDEA DE LA MUJER EMPRENDEDORA

Emprender una idea de negocio es toda una aventura. La mujer emprendedora debe ser capaz de enfrentar y solucionar problemas de estrategias de mercado, finanzas, producción y debe poner todo su potencial al servicio de su IDEAL, necesita mantener un equilibrio personal y familiar, porque el concretar un gran sueño implica un cambio grande en su forma de vida.

¿Y QUÉ SIGNIFICA SER EMPRENDEDORA?

Es una persona que identifica una oportunidad, capaz de crear una organización o empresa y aprovecharla a su favor. Mujer

77

llena de atributos, los cuales pone al servicio de sus propios intereses para ponerle acción a dicha oportunidad.

ESTRUCTURA PARA EMPRENDER UNA IDEA DEFINIDA

- IDEA
- CREACION DE VALOR
- OPORTUNIDAD
- PLAN DE NEGOCIO
- IMPLEMENTACION

Analiza qué tan viable sería implementar tu idea en la actualidad según necesidades, deseos y demanda, existencia del mercado al que nos dirigimos, recursos e infraestructura; se tiene que verificar sus carencias e introducir todas las mejoras que se requieran y enseguida se debe definir el siguiente paso:

Maria Romo

VISION:

1. Es la aspiración de lo que queremos ser en el futuro.
2. Qué queremos ser?
3. Qué quieres que sea tu proyecto a futuro?

MISION:

1. Es la razón de ser del proyecto.
2. Por qué existimos.
3. Qué quieres que sea tu proyecto ahora.

METAS:

1. Son los objetivos que te planteas.
2. Cantidad de ventas.
3. Qué hay que hacer para llegar.

¿QUÉ ES UNA OPORTUNIDAD?

Es una **opción atractiva en un tiempo definido,** asociada a un bien o servicio que **crea o agrega valor** para su usuario final.

Maria Romo

Siempre has soñado en realizar un negocio, ya tienes una idea, ¿cómo determinarás si la idea contiene lo necesario para convertirse en una oportunidad de negocio exitoso?

Para lograr desarrollar un proyecto con éxito será indispensable que interactúen 3 fuerzas: **la oportunidad, el emprendedor y los recursos necesarios** para comenzar la empresa y hacerla crecer, todo esto se integra en un plan estratégico que marca los tiempos para la implementación, conocido como ***PLAN DE NEGOCIOS.***

Generalmente la idea de un negocio nos surge espontáneamente, entonces es importante que antes de iniciar el desarrollo de la misma, se haga un análisis ordenado y lógico del negocio, sus riesgos, su viabilidad, posibles resultados, etc.

Maria Romo

El plan de negocios es una herramienta que servirá de mapa para el desarrollo de tu negocio

CONSTITUCION DEL PLAN DE NEGOCIOS

- <u>Objetivos:</u> idea del negocio.

- <u>Productos</u>: descripción detallada del bien o servicio a ofrecer.

- <u>Competencia</u>: potenciales competidores actuales y futuros.

- <u>Plan de Mercadeo</u>: cómo se dará a conocer el /los productos.

- <u>Plan de Ventas</u>: ventas proyectadas por mes y por año.

- <u>Recursos Humanos</u>: equipo humano que colaborará contigo.

-<u>Aspectos Legales</u>: forma constitutiva y registros ante los organismos correspondientes.

Maria Romo

- <u>Plan de Financiación</u>: en caso de no poseer capital propio, la forma de adquisición del mismo.

- <u>Conclusiones</u>: retroalimentación.

PLAN ESTRATÉGICO

En el seguimiento del proyecto, el plan de negocios y estratégico se complementan, si se analizan por separado queda más claro y se detallan los pasos a seguir. En estos niveles hay que tener siempre presente la Visión y la Misión de la Empresa para poder generar las estrategias en los distintos niveles.

Aquí hay tres niveles de planificación y son en los que hay que trabajar:

ESTRATEGIA DE NEGOCIO: Se determinan la guía que llevará el negocio a la eficiencia, la calidad y la satisfacción del cliente.

ESTRATEGIA FUNCIONAL:

Maria Romo

Se determina la organización del proyecto, planificación y ejecución (producción, comercialización, recursos humanos, desarrollo tecnológico)

ESTRATEGIA DE OPERACIONES: Se determinan las habilidades del emprendedor, aprovechando su experiencia para poder desarrollar actividades que le dan valor a los productos.

Urge establecer los principios de flexibilidad, exactitud, amplitud y economicidad para los objetivos planteados en cada nivel.

PUESTA EN ACCION!

Realiza un estudio del mercado en el que deseas ingresar, determina la competencia, sus estrategias y presupuesto asignado. Si se logra la eficiencia y coordinación en los tres niveles mencionados, obtendrás una ventaja competitiva sostenible, determinando eficiencia en la producción, ventas y cadenas de distribución y la política de trabajo se debe

Maria Romo

centrar en la buena presentación del producto para llamar la atención del cliente, recordemos que... *"LA IDEA ES QUE ENTRE POR LOS OJOS".*

El proyecto debe ser innovador con un precio de calidad o disminuyendo su estructura de costos con respecto a la competencia, obteniendo de esta manera una ventaja competitiva, control en el costo desde su inicio hasta que llega a las manos de los consumidores.

El MOTOR de crecimiento se define por los excelentes precios, la calidad y servicio que ofrece la emprendedora a sus clientes, el cual pone en acción la rueda operativa en todo el proceso productivo.

La mujer emprendedora deberá realizar los trámites legales que correspondan para el inicio de su proyecto, al igual que el lanzamiento del plan de mercadeo o también

Maria Romo

llamado marketing y de ventas que se encuentran establecidos en el plan de negocios.

Los fundamentos esenciales de toda empresa son: **SOBREVIVIR, CRECER Y DAR UTILIDADES** y **esto no se logra si no se vende.**

CUAL ES TU NUEVO NEGOCIO?

_____

_____

_____

Maria Romo

"MUJER, DE EMPRENDEDORA A EMPRESARIA"

Maria Romo

9.- QUE ES EL ÉXITO Y COMO ALCANZARLO

Para muchas mujeres el éxito... se debe a cuánta gente te sonríe, a cuánta gente amas o te ama, a cuántos admiran tu sinceridad y sencillez, a cuánta gente ayudas, a cuánta evitas dañar y si guardas o no rencor en tu corazón. Es acerca de tu bondad, tu deseo de servir, tu capacidad de escuchar y tu valor sobre la conducta ajena. Se trata de si te recuerdan cuando te vas. Se trata de si en tus triunfos incluiste siempre tus sueños. De si no generaste tu éxito en la desdicha ajena y si tus logros no hieren a tus semejantes. Es acerca de tu inclusión con los otros, no de tu control sobre los demás; de tu apertura hacia todos los demás y no de tu simulación para con ellos. Es sobre si usaste tu cabeza tanto como tu corazón; si fuiste egoísta o generoso, si amaste a la naturaleza y a los niños y si te preocupaste por los ancianos. No es acerca de cuantos te siguen,

87

Maria Romo

sino de cuantos realmente te aman. No es acerca de transmitir todo, sino cuántos te creen. De, si eres feliz o finges estarlo. Se trata del equilibrio, de la justicia, del bien ser que conduce al bien tener y al bien estar. Se trata de tu conciencia tranquila, tu dignidad invicta y tu deseo de ser más, no de tener más. Se trata en definitiva de saber recibir y dar amor.

¿PERO QUÉ ES EL ÉXITO?

Algunos dicen que el *EXITO es hacer lo que quieras, como quieras y en el momento que quieras, vivir una vida sin limitaciones de tiempo o dinero y sin tener a alguien diciéndote lo que puedes o no puedes hacer.*

EL ÉXITO... no siempre tiene que ver con lo que mucha gente cree, porque no se debe a los títulos que tienes ni a la escuela donde estudiaste, ni a la sangre que heredas, ni al tamaño de tu casa, ni a cuántos carros tienes o si éstos son último modelo. No se trata de si eres jefe o subiste de nivel en tu organización.

88

No se trata de si eres miembro de clubes sociales o si sales en las páginas de las revistas sociales o periódicos. No tiene que ver con el poder, si hablas bonito, si las luces te siguen cuando lo haces. No es la tecnología que empleas, no se debe a la ropa que usas o si vas con regularidad de vacaciones a los mejores lugares, o si después de tu nombre pones las siglas que definen tu estatus para la sociedad. No se trata de si eres emprendedor, hablas varios idiomas, si eres atractivo, joven o viejo. No hay fórmulas para definirlo, algunos piensan que se debe a la fama o al dinero, otros como reconocimiento o sabiduría, pero la mayoría coincide que **el ÉXITO SE DEBE A LA REALIZACIÓN PERSONAL, DISFRUTANDO DE UN ESTADO ESPIRITUAL DE FELICIDAD Y PLENITUD**. Para algunos el éxito les llega de inmediato como bendiciones y poseen un carisma que atrae todo lo que se proponen sin mucho esfuerzo, son seres angelicales.

Hay mujeres que tienen una meta definida en su mente, paciencia y perseverancia para concretarla, nunca se sienten derrotadas por las circunstancias, siguen adelante con fe y esperanza hasta lograrla. Ellas asumen el control de sus vidas, tienen seguridad y energía para lograr lo que se propongan. Cuando tenemos oportunidad de escucharlas a esas mujeres observamos que todas expresan con alegría y euforia las pruebas que tuvieron que atravesar antes de obtener el éxito deseado, aunque experimentaron bastantes derrotas, las recuerdan con humor, son optimistas en todos los aspectos de sus vidas, están más allá de todo y saben comenzar de nuevo.

El éxito tiene mucho que ver con los obstáculos que se tiene que superar en la evolución y esa superación es la energía interior manifestada. El éxito tiene que ver con la actitud mental que se asume ante las experiencias de la vida, y con la determinación de seguir los sueños y no abandonarlos.

90

Maria Romo

Recuerda siempre que la llave del éxito se llama **actitud mental positiva**.

El optimismo y la perseverancia van de la mano, por eso quienes están convencidas de que lograrán sus metas no se desalentarán, ni sembrarán ninguna duda que les impidan lograr sus metas. Si son optimistas insistirán mil veces hasta lograr el propósito deseado, por eso, aquella que sepa que lo difícil no es imposible, está cerca de lograr el éxito en lo que se proponga, para estas mujeres no existen los imposibles, tienen dibujado el sello del éxito en su mente y logran lo que quieren por su fe, sienten que tienen derecho a todo lo que desean con sólo proponérselo porque creen que el mundo está lleno de tesoros esperando ser descubiertos.

EL QUE PERSEVERA, TRIUNFA!

El éxito no es un milagro, aunque se sienta la magia cuando llega. Soltemos todos los miedos y dejemos que actúe esa "magia".

91

¿Qué es necesario para que el éxito llegue a nosotras? Nadie nos conoce mejor que nosotras mismas y nadie puede conocer nuestros sueños mejor que nosotras mismas, por eso las mujeres que han logrado el éxito primero se conocen y se escuchan a sí mismas antes que a los demás.

Las exitosas están atentas a sí mismas y se sienten seguras de estar en el camino correcto. Saben que lograrán sus objetivos porque se guían por la intuición y saben fluir con la vida, están relajadas y confiadas en el proceso de la vida y dejan que ella las sorprenda. **Práctica, paciencia y perseverancia** son las virtudes que necesitamos para lograr el éxito.

Algunas mujeres que fracasan en sus proyectos, es porque no se tienen confianza de que los van a lograr por sí mismas. Algunas no tienen idea de qué quieren y hacia donde van, viven en automático, entonces, ¿cómo estas mujeres van a tener éxito si no saben lo que quieren? tenemos que saber qué deseamos

92

manifestar y sobre todo, perseverar, realizar todo lo que está a nuestro alcance para lograr nuestros objetivos teniendo paciencia con nosotras mismas. Recuerda, para avanzar no importa ir despacio. Para concretar un deseo es necesario que tus energías se mantengan altas, ya que si te encuentras triste o temerosa, enojada o llena de dudas nunca obtendrás lo que deseas; es decir, para atraer todo lo bueno que deseas en tu vida la clave es elevar tus energías de vida en pensamiento y sentimiento, mantener un estado emocional alto, como en los sentimientos de amor, felicidad, pasión, entusiasmo, agradecimiento, alegría, placer, gozo, entre otros, y para atraer todo lo malo es suficiente mantenerte en una energía de vida baja: enojo, envidia, vergüenza, miedo, apatía, violencia, amargura, odio, venganza, dolor, furia; claro que todo esto sucede muchas veces sin que seamos conscientes, por eso es importante conectarnos con nosotras mismas para permanecer siempre en una frecuencia de energía alta si queremos tener una vida feliz,

Maria Romo

llena de cosas buenas y de éxitos personales. Cuando elevamos nuestra energía mental y emocional comenzamos a encontrar soluciones que antes éramos incapaces de "ver", empezamos a tener acceso a lugares donde antes no podíamos entrar o ni sabíamos que existían. Somos atraídas y atraemos personas y situaciones que nos ponen en la cima, tenemos ideas brillantes que nos mueven positivamente en nuestras vidas y que con la energía baja no podíamos ni siquiera darnos cuenta. Una forma rápida de subir tus energías de vida es el trabajo con imágenes, imaginar es poder, la mente no puede distinguir la realidad de la imaginación. Una imagen es muy poderosa cuando está dirigida a revivir sentimientos positivos. La recreación del pensamiento y la impregnación del sentimiento es lo que permite que se reproduzca con la imagen la realidad actual.

El éxito no llega por casualidad a nuestras vidas, es una energía que atraemos con nuestra creencia, actitud y accionar positivo; tenemos la

Maria Romo

convicción de que se manifestará y estamos convencidos de que lo merecemos. **El éxito es la energía de los visionarios, de los que tienen fe y confianza en que lograrán sus sueños porque creen en ellos mismos.**

COMO ALCANZAR EL EXITO?

¿Cuántas horas trabajas al día?

¿Tienes alguna ocupación que te permita desconectarte?

¿Duermes como mínimo ocho horas cada día?

¿Dedicas a cada comida cuarenta y cinco minutos como mínimo masticando lentamente?

¿Dedicas como mínimo quince minutos diarios? y si no, ¿paseas media hora cada día?

¿Sabes decir "no" a ciertas situaciones? ¿Expresas abiertamente los sentimientos sin ser hostil?

Maria Romo

¿Piensas, sientes y actúas en el presente, en lugar de hacerlo en base a los malos momentos del pasado?

¿Amas el día en que vives?

¿Amas el trabajo?

¿Vives intensamente con la familia?

¿Vives y dejas vivir?

Recuerda que el tiempo no se recupera, pero es indispensable hacer un alto en el camino, tomar un respiro y descansar.

SE ASERTIVA Y... Atrévete a equivocarte, a opinar y expresar tu descontento, a ser diferente, a expresar tus ideas sabiendo que son distintas a las de los demás, a expresar tus sentimientos,... **ATRÉVETE A TENER ÉXITO.**

Di NO si deseas decir no, y cuando digas SI es porque deseas decir si. Transmite tu forma de ser: esta soy yo y esto es lo que siento, pienso y quiero.

96

Maria Romo

Con los demás, recuerda el Triángulo Asertivo: Escuchar, decir lo que se piensa y decir lo que se espera.

Lo que nunca debes hacer es: obedecer sin analizar, dejarte pisar, quitarte tu valor, actuar con miedo, no te sientas superior a los demás, ni actúes con agresividad o rencor.

ELEVEMOS NUESTRA AUTOESTIMA

Algunos motivos que ayudan a bajar la autoestima son: Auto crítica con rigor, la indecisión, el deseo innecesario de complacer, el perfeccionismo, la culpabilidad, la hostilidad, la tendencia depresiva; piensa si alguno de estos motivos te afecta a ti.

Defiende tus valores y principios aún cuando alguien o algo se opongan a ellos. Actúa con asertividad, aún cuando a otros les parezca mal lo que hagas y confía en tu capacidad, sin dejarte acobardar por fracasos y dificultades. Una cosa es que colabores con los demás y la otra que te dejes manipular. Tú eres igual a cualquier otra persona, aunque reconozcas diferencias en talentos, prestigio profesional o posición económica. Eres una persona interesante y valiosa para todos con los que te relacionas.

REGLAS Y CONSEJOS QUE TE AYUDAN A ALCANZAR EL ÉXITO

1. Sé positiva y ten confianza en ti.
2. Establece objetivos y planifica como los conseguirás.
3. Conoce que es lo que tu compañía necesita y quiere de ti.
4. Trabaja para servir, no para ganar.
5. Establece relaciones a largo plazo.
6. Prepárate, proyecta una imagen profesional.
7. Genera confianza.
8. Mantén tus promesas.
9. Haz que sonrían.
10. Conócete bien y vende de ti lo mejor.
11. Préstale atención a tu actitud.

Maria Romo

12. Aprende a saber cuándo se ha de callar, y calla.

13. Continúa, hazlo una y otra vez y si es necesario hazlo diez veces.

14. Recuerda que nadie te rechaza, solo en ocasiones a tu trabajo.

15. Se flexible, con disposición al cambio.

16. No culpes a los demás. Asume tu responsabilidad.

17. Trata de dar una buena impresión para que la gente también la transmita.

18. Mantén un plan de formación continua tanto para el desarrollo personal como profesional.

19.- Vende primero tu personalidad...

Carácter – Inteligencia – Energía – Perseverancia - Adaptabilidad – Continuidad de esfuerzos - Entusiasmo Sinceridad - Control y Confianza de sí mismo - Equilibrio – Simpatía - Buen humor - Habilidad Mental – Atención - Memoria – Observación - Claridad y Precisión

Maria Romo

de ideas - Ponderación – Comunicabilidad - Empatía - Sentido de Realidad.

20.-   Se honesta y franca contigo misma, analízate y trata de saber cómo te ven los demás.

21.-   Investiga si tienes hábitos o actuaciones que molesten a los demás y elimínalos.

22.-   Sonríe con frecuencia. Si sonríes conseguirás que te sonrían, destruyendo las posibles barreras que existan.

23.-   Cuando converses con alguien, no te acerques demasiado, no invadas su espacio.

24.-   Demuestra que eres capaz de escuchar. No hables demasiado alto ni bajo, cuídate de la voz chillona, no hables ni muy rápido ni muy lento, aligera la frase si la conversación pierde interés.

25.-   Cuida tu aseo personal, la limpieza de tus manos y uñas. Hay gente que pierde grandes oportunidades por este descuido.

Maria Romo

26.- No uses un perfume demasiado fuerte o agresivo, tampoco ropa más cara que la de tu cliente; omite los colores chillones u opacos, procura que tus zapatos estén siempre limpios.

27.- No fumes, si quieres hacerlo, comprueba que al cliente no le desagrada el humo del tabaco.

28.- Elimina los tics o actitudes nerviosas, por ejemplo, evita jugar, no te balancees en el asiento; no permanezcas con las manos en los bolsillos; no evadas la mirada del cliente.

Y recuerda que para tener éxito es indispensable la combinación de tres actitudes: **trabajar con rigor, esforzarte sin desfallecer y mantenerte ilusionada.**

EXITO PROFESIONAL

Día a día, la empresaria de hoy se enfrenta a una gran cantidad de situaciones inesperadas de las que no le salvará su excelente currículum. **Aquí no valen los**

101

conocimientos y <u>se imponen las habilidades</u>, esas cualidades que no deben faltar a cualquier líder.

Saber motivar a su equipo, liderar a un grupo de personas en dirección a un mismo objetivo, saber escoger lo adecuado pese a estar bajo presión, son algunos de los aspectos que toda empresaria deberá dominar una vez finalizado este libro.

¿QUÉ ES UN LÍDER?

Todas las personas, luchamos por ser líderes, pero en ocasiones caemos en el error de no saber bien hasta donde llega el papel del líder, por ello, urge definir las características de una persona con liderazgo.

Cuando pensamos en líderes con éxito, pensamos en personas como Bill Gates, el "fracasado de Harvard" que fundó Microsoft y se convirtió en el hombre más rico del mundo. Tú mismo, serias capaz de nombrar a una o dos personas, en tu profesión, que sean líderes con éxito, personas **visionarias** que poseen una facilidad para hacer las cosas bien e inspirar a los demás.

Las líderes son capaces de establecer una meta, persuadir a otros para que las ayuden a alcanzarla y llevar a su equipo a la victoria.

El liderazgo es crucial para el mundo empresarial y no existe una única definición de liderazgo, comprendiendo esto se da el primer paso para convertirse en una buena líder.

Algunas definiciones comunes sobre el liderazgo son las siguientes:

-El liderazgo es la capacidad de comunicar de manera positiva.

-El liderazgo es la capacidad de influir sobre los demás, de inspirar a otros.

-Una líder es la cabeza visible de un grupo, equipo u organización.

103

-Una líder es una persona carismática, toma decisiones acertadas y positivas e inspira a otros para alcanzar una meta en común.

¿CUÁLES SON ESAS CUALIDADES QUE HACEN DESTACAR A LAS LÍDERES?

- *Carisma* es una cualidad fundamental para el liderazgo; sin embargo, se puede alcanzar un liderazgo carismático con mayor facilidad si se trabaja para desarrollar las siguientes cualidades:

-*Conocimiento*: Una líder debe conocer cada detalle del negocio para poder trabajar con confianza y seguridad para la empresa.

-*Confianza*: debe estar al tanto del trabajo que realiza su equipo, pero no debe hacerlos sentir que están vigilados por la "PATRONA", si ellos sienten esa sensación, conseguirá crear un ambiente de desconfianza.

-*Integridad*: una líder no será eficaz si su equipo y sus superiores desconfían de ella. Cualquier

Maria Romo

organización dejará de lado a una líder que no esté capacitada o que no mantenga su palabra. Por ejemplo, una líder que le diga una cosa a su gente y luego haga otra podría ser vista como poco profesional.

-Modelos de conducta: como líder, su vida pública y privada debería ser ejemplar, predique con el ejemplo. Una líder que espera una determinada conducta por parte de su gente pero ella no mantiene esa misma conducta, puede sufrir una pérdida de respeto. Un equipo que no respeta al líder sufrirá un descenso en la calidad del trabajo.

-Decisión: la líder es valorada por su capacidad para tomar decisiones, sobre todo bajo presión. Las mejores decisiones son aquellas que se toman con pleno conocimiento de causa.

-Positivismo: la líder se elige para dirigir a un equipo, grupo u organización. A menudo, se encontrará en situaciones en las que su equipo o seguidores no están presentes; por ejemplo,

Maria Romo

en reuniones empresariales de alto nivel. Su positivismo puede y debe representar al equipo que ha puesto su confianza en ella.

-*Optimismo*: es realista, pero no fatalista. La gente cercana a ella le puede perder la confianza si se enfrentan constantemente con su pesimismo y negatividad. Las situaciones no son siempre las ideales, pero como líder se espera que encuentre el mejor modo de arreglarlas. Concéntrese en el aspecto positivo.

-*Resultados*: una líder posee un registro de decisiones sólidas y de soluciones en que apoyarse. Si usted lleva algún tiempo como empresaria, intente elaborar una lista de decisiones acertadas y de logros de los que sea responsable. No sólo sirve para mostrar estos logros a los demás, sino para emplearlos en consolidar la autoconfianza en sus capacidades.

-*Visión*: una líder debe establecer metas que lleven a la empresa en una dirección determinada y debe tener visión amplia para

Maria Romo

ayudar al desarrollo de la empresa y llevarla al logro de su objetivo.

LAS COSAS QUE MOTIVAN Y LAS QUE NO

Un estudioso de la personalidad y la motivación, llevó a cabo una investigación y pidió a miles de personas que hablasen de los momentos en los que se sentían bien o mal en el trabajo, de esto surgió una lista de aquello que satisface a las personas y otra de lo que les disgusta. Se podría pensar que esas listas están formadas por opuestos: lo que satisface a una persona sería la posibilidad de una mejora y lo que le disgusta sería la falta de dicha oportunidad.

MEJORAR EL RENDIMIENTO

Conseguir un ambiente empresarial sin ninguna dificultad es algo difícil de conseguir. Todos sabemos que el bienestar en la empresa es elemental porque influye sobre nuestro rendimiento. La motivación al equipo convierte

Maria Romo

el lugar de trabajo en un lugar más atractivo y favorable para todos.

En una ocasión, se observó un fenómeno de motivación dentro de una empresa. Acababan de instalarse en unas nuevas oficinas, cuando el dueño anunció que iba a hacer algunas obras para darle interés visual al lugar. Les dijo a todos que podían elegir el cuadro que quisiera para colgar en su despacho. Durante semanas eligieron sus cuadros y cuando llegaron fueron colgados, quedando estupendos. El arte pronto dejó de ser el tema de conversación en la cafetería, le dio a la oficina el interés que le hacían falta, y cada despacho consiguió un aspecto personalizado que reforzaba la creatividad, a las personas les hizo sentir que eran una parte real de la empresa, y a todos les apetecía un poco más ir al trabajo.

Veamos ahora los seis primeros elementos de cada lista antes mencionada:

Maria Romo

-**Cosas que satisfacen**: realización, reconocimiento, el trabajo mismo, responsabilidad, progresión, crecimiento.

-**Cosas que disgustan**: política y administración de la empresa, supervisión, relaciones con el supervisor, condiciones de trabajo, relaciones con los iguales, relaciones con los subordinados.

Se concluyó lo siguiente: lo que se necesita para motivar a un empleado es muy diferente de lo que se necesita para conseguir un lugar de trabajo libre de quejas. Aunque el hecho de proporcionar unas agradables condiciones de trabajo puede evitar que las personas se sientan a disgusto, esto no tiene por qué convertirse en fuente completa de satisfacción, más importante aún, puede que el hecho de rendir o de superarse no constituya un factor motivador para los empleados. Escuche a las personas que lo rodean, seguramente observará que se quejan, en su mayor parte, por el trabajo, la calidad del café o la temperatura, resuelva esos problemas y

109

evitará que sus empleados se amotinen, pero
no tendrá un grupo de trabajo motivado.
¿Merece la pena ocuparse del tema del café? Sí,
uno de mejor calidad no afectará al
rendimiento, pero su interés por escuchar y
actuar en consecuencia tendrá un significado
para sus empleados.

DISEÑAR UN ESPACIO DE TRABAJO INTERESANTE

Aquí podemos ver la otra cara de la
motivación: la desmotivación. Eliminar aquello
que desmotiva a las personas quizá no las
motive, pero les ayudará a superar las quejas
menores como sería acerca de la mala
iluminación y la falta de sitios para estacionar su
auto, y averiguar lo que de verdad motiva a las
personas, como la progresión en el trabajo y la
evolución. Para eliminar lo que desmotiva, se
puede empezar por el aspecto del lugar de
trabajo. Hay empresas que prohíben cualquier
elemento personal a la vista en las oficinas,
exigen trabajar con los parámetros de la propia

Maria Romo

empresa, pero intenta utilizar lo siguiente como orientación:

En mi empresa, nosotras:

-Tenemos obras de arte a la vista (y no sólo en la sala de reuniones o en los despachos de los ejecutivos).

-Tenemos lugares de trabajo con la adecuada iluminación, tanto natural como artificial.

-Permitimos a los empleados que tengan objetos personales a la vista en su lugar de trabajo.

-Tenemos plantas naturales a nuestro alrededor.

-Pintamos las paredes de colores distintos del blanco brillante o verde industrial.

-Contamos con un sistema de aire acondicionado y calefacción.

¿Y en su lugar de trabajo? ... Si no han sido capaces de reconocer al menos tres de estos elementos como aplicables a su empresa, tiene un problema.

EN COMUNICACIÓN, VAMOS A HABLAR EN PÚBLICO

Una de las características por las que se suele admirar a las líderes empresarias es por su facilidad de palabra o por su capacidad de hablar en público, no es nada fácil mantenerse durante dos o tres horas delante de un grupo de personas. Seguramente te han pedido que hables en público en distintas situaciones, en ocasiones tendrás tiempo para preparar tu charla y en otras no, como sea, debes intentar impresionar al público. Es muy importante tener en cuenta la simplicidad y brevedad en tus exposiciones; además, debe notarse que te has preparado.

En una ocasión un joven confesó que había superado su miedo a hablar en público, sentía pánico, pero en **cuanto fue capaz de dominar esos sentimientos, desarrolló diversas**

técnicas de oratoria y descubrió que era un conferencista aceptable y esa situación lo hizo ascender en su empresa.

Una de las mejores maneras de convertir la experiencia de las conferencias en algo positivo es considerar todas las ventajas de que disponemos para hablar en público:

-Nosotras somos quienes mejor conocemos el tema de la conferencia.

-Si nos olvidamos de algo los oyentes ni se darán cuenta, no olvidemos que el público nunca supo lo que teníamos pensado decir en un principio. La mayoría de los oyentes se encuentran más a gusto sentados donde están, que de pie donde estamos nosotros, así que, simpatizan y comprenden la situación.

-Por regla general, el público desea nuestro éxito, están de nuestra parte y no en contra.

-Muchos conferencistas empresariales desearían ser capaces de hacer lo que estamos

Maria Romo

haciendo, por tanto, relájate y disfruta de la sensación de convertirte en una conferencista exitosa. Segura que tu puedes sacar más beneficios de una conferencia de lo que crees.

TRES FORMAS DE USAR LAS PALABRAS

Cuando como empresa necesitas comunicarte con tus empleados para transmitirles un mensaje importante, el mejor modo de hacerlo es mediante una conferencia pública, independientemente del tamaño del auditorio al que te enfrentas. Comunícate de manera eficaz, al ponerte en pie para tomar la palabra te conviertes en autoridad y tu público desea escucharte. Las palabras que emplees pueden servir para:

-*INFORMAR*: en ocasiones sólo queremos informar a nuestro público, por ejemplo, puede para decirles sobre algunas cifras de producción, o de algún resultados de una reunión con un cliente importante.

-*EXPLICAR:* quizá el objetivo de la charla sea el de explicar brevemente un nuevo

Maria Romo

procedimiento a seguir. Por regla general, las charlas explicativas suelen proporcionar información.

-*PERSUADIR:* las conferencias persuasivas suelen ser las más complejas. Lo ideal es poner la información y la explicación al servicio de la persuasión, para llegar al subconsciente del oyente de manera rápida.

Teniendo claro nuestro propósito, la conferencia resultará más fácil de preparar y de dar, el resultado será exitoso.

COMO SUPERAR EL MIEDO ESCÉNICO

¿Qué pasa por nuestra mente cuando pensamos en hablar en público? Esto es suficiente para provocar escalofríos hasta en las personas más decididas. La mayoría de la gente reconoce que prefiere hacer cualquier otra cosa antes que hablar en público.

El miedo en el escenario es una sensación normal en cualquier persona que haya tenido que enfrentarse a un auditorio, hasta los mejores actores lo han sentido, muchos sienten ansiedad al ponerse de pie para hablar ante un grupo de personas y, dicen por ahí que "**el que duda está perdido**". Las personas que crecen en sus empresas son aquellas que se desmarcan de sus compañeros, demostrando que son capaces de dar un paso hacia adelante, ofreciendo un mensaje claro y convincente. Si somos capaces de hablar con firmeza, no sólo atraeremos la atención del público, sino nos sentiremos orgullosas de nosotras mismas y daremos la imagen de alguien preparada para el liderazgo. Un discurso de éxito le hará destacar, pero un discurso fracasado le perjudicará. Asegúrate de haber meditado bien el contenido del discurso antes de empezar a hablar.

USA LAS TRES "V"

En cualquier tipo de plática o charla, hay tres técnicas obligadas a emplearse que te permitirán convertirte en una importante oradora, estas técnicas se conocen como "**las tres V", y son: verbal, visual y vocal**. La mayor

116

parte del tiempo que invertimos en preparar una charla se destina a la mejora de **las técnicas verbales,** estas son, entre otras:

-Elaborar un mensaje claro.
-Que la presentación sea relevante para el público.
-Analizar a tus oyentes.
-Subrayar las ideas principales.
-Reunir evidencias para apoyar las opiniones.
-Organizar la información.
-Disponer de un soporte visual para ilustrar la información verbal.
-Implicar al público.
-Mantener una sesión de preguntas y respuestas.

Las técnicas no se refieren a los apoyos visuales que ilustran la conferencia, sino a nuestra imagen visual que proyectamos como oradoras, cuanto más interesante resulte observarnos, más posibilidades hay de que el público nos preste atención a lo largo de la conferencia.

117

Las técnicas visuales son, entre varias:

-El contacto visual con cada uno de los oyentes.
-Los gestos que describan y refuercen las ideas.
-Las expresiones faciales que comuniquen los sentimientos y actitudes.

En ocasiones no tomamos en cuenta estas técnicas, y la falta de ellas puede hacer que la presentación resulte menos interesante.

LA VOZ ES UNA PARTE CLAVE DEL ORADOR

Las técnicas vocales son, por ejemplo:
-**Elevar y bajar la voz** en función del énfasis que se quiera dar.
-**Cambiar el ritmo** para llamar la atención al público.
-**Emplear pausas** para remarcar los puntos importantes.

De cómo emplees estas técnicas para llamar la atención del público determinará tu éxito como oradora.

REUNIONES DINAMICAS

Maria Romo

Hace años, se pensaba que en el futuro habría menos reuniones cara a cara a consecuencia del miedo, pero en la actualidad se siguen celebrando reuniones en todas las empresas, y además en cantidades enormes y con resultados exitosos. Muchas personas contemplan las reuniones como una pérdida de tiempo, otras tienen tanta aversión a las reuniones que se sienten estresados y llenos de ansiedad en cuanto saben que tendrán que asistir a una.

Es muy difícil conseguir que una reunión resulte amena, tanto para los participantes como para el conferencista, por ello, una empresaria debería emplear de 2 a 4 minutos en hablar con las personas que asistirán a su reunión para prepararles para lo que tendrá lugar, en ese momento, la empresaria podrá atender a sus ideas sobre lo que van a sacar de la reunión, y convertirlos en compañeros y no como sujetos.

Maria Romo

Otra de las cuestiones importantes que debes tener en cuenta a la hora de mejorar tus habilidades directivas, es la capacidad de llevar a cabo una reunión dejando de lado las distancias que puedan existir entre el jefe y el resto de los compañeros.

ENCAUZAR REUNIONES

Un buen programa, ordenado y con estimaciones del tiempo destinado para cada asunto a tratar, constituye la fórmula ganadora para que las reuniones no se salgan de su cauce. A veces se puede originar una discusión, y un tema puede acabar necesitando el doble de tiempo del que se le había asignado, sin embargo, los integrantes lo compensan siendo más breves en otros temas. Cuando se conoce por adelantado el tiempo asignado a cada tema, se hace lo que se puede para respetar ese tiempo. La líder del grupo va siguiendo el programa, obteniendo la participación de los responsables de cada tarea según lo previsto, luego anima a otras personas a participar, una vez que el responsable de la tarea haya acabado con su aportación, cada tema del programa se discute. A veces, un elemento del programa simplemente constituye un anuncio o un informe que se da al grupo, y que no necesita una discusión ni participación a cambio. A veces, el asunto consiste en una sesión informativa, porque ya ha sido resuelto.

Algunas empresas emplean técnicas para mantener las reuniones dentro del cauce, cada técnica funciona distinta según el propósito, la redacción y la historia del grupo:

1) Cuando los participantes han sido entrevistados y el programa repartido por adelantado, los participantes cronometran sus comentarios para que encajen dentro del tiempo asignado al asunto.

2) Algunos grupos tienen un cronómetro o reloj a la vista de todos los participantes para animarles a ser breves en sus comentarios.

Maria Romo

3) En algunos grupos, el que dirige la reunión anuncia al próximo conferencista y el tiempo que se va a dedicar al tema a tratar según el programa.

4) En otros, los participantes distribuyen circulares con los resúmenes de sus comentarios, gráficos o demostraciones ilustradas de las cuestiones que quieren exponer.

5) En algunas reuniones, a los participantes se les pide que se pongan en pie cuando hablen, esto tiende a limitar el tiempo de su discurso, ya que la mayoría de las personas prefieren quedarse sentadas. Hay algo en el hecho de ponerse de pie para dirigirse a un grupo que infunde miedo hasta de los mejores profesionales.

6) Las reuniones pequeñas, de 18 personas o menos, se suelen celebrar en torno de una mesa circular. De este modo, si las personas se ponen de pie para hablar o si

hablan desde sus asientos en lugar de dirigirse a un extremo de la habitación, se ahorrará mucho tiempo.

OBTENER RESULTADOS DE LAS REUNIONES

1) Algunos grupos se reúnen con un asesor, como una forma de mantener la reunión dentro de su cauce y así dirigirla hacia los objetivos deseados.

2) En algunas reuniones se incluye a un equipo que advierte a los miembros cuando se han alejado del protocolo establecido. Algunos eligen a una persona para controlar el tiempo. Alguien dijo en una ocasión que no tenía ningún sentido celebrar una reunión a menos que se conocieran de antemano los resultados deseados.

3) El encargado de la reunión tiene la responsabilidad de mantener el ambiente adecuado para todos los participantes, de otra manera, la reunión acaba en edicto: yo digo, tú haces; los edictos no animan a las personas a

Maria Romo

asistir a más reuniones en el futuro, ni a ser participativos, ni siquiera cuando se trate de algo interesante. Lo más importante de todo es que el encargado sea un facilitador, consiguiendo las mejores respuestas por parte de los participantes, animándoles a colaborar unos con otros y a que funcionen como un verdadero equipo.

PERSONAS DIFÍCILES

En cualquier empresa existen personas de todo tipo: extrovertidas, introvertidas, solitarias, poco comunicativas, sociables, etc., por ello, toda empresaria debe saber tratar a cada tipo de persona y según la situación en la que se encuentren. Resulta muy difícil poder cambiar su personalidad pero no resulta tan mala la idea de intentar potenciar aquellos aspectos de la persona que permanecen escondidos. Además, no hay que caer en la idea de que las empresas son sólo centros de trabajo, sino que también son focos de socialización y de formación.

124

Maria Romo

La gente no cambia y antes de pretender tratar con personas difíciles, lo primero es convencerse de una realidad: no las vas a cambiar; es decir, no va a cambiar su forma de ser, cuando hayas aceptado esta verdad, tu nivel de tolerancia se incrementará de una forma espectacular. Es probable que empieces a pensar que esas personas con las que antes chocabas, simplemente no sean como tú, sin embargo, no te desesperes, hay algo que si puedes modificar de esas personas, con tu colaboración, podrás cambiar su comportamiento. Nos molesta y entristece que otras personas no cambien porque creemos que sí pueden hacerlo. Nos frustramos al no conseguir una persona a nuestra medida. Cambiemos el enfoque, lo que sí puede, es animarles a que modifiquen su comportamiento. Lo mejor es hacerle una petición concreta, eso ayudará, aunque no deberá realizarla más de dos o tres veces continuas. De esta manera, no esperes que el 100% de sus comportamientos cambien, pero

Maria Romo

quedarás satisfecha al ver que un 75% sí lo estará, la persona se siente aceptada en lo esencial y la petición no le ofende ni crea resentimiento.

LOS CONFLICTOS EN EL EQUIPO

Como líder empresaria, sabes que por bueno que sea en el trato con personas difíciles, no es posible evitar los conflictos cuando personas no expertas se relacionan entre ellas. Los conflictos del equipo te conciernen aunque no formes parte de ellos y un problema así podría entorpecer el trabajo de todos, ocasionando pérdida de tiempo, lo primero es reconocer que en los equipos con una buena líder surgen menos conflictos que en los mal dirigidos. En ese sentido, cuanto mejor hagas tu trabajo, más sencillo será mantener la paz.

Algunas claves para conseguir que el equipo trabaje contento son las siguientes:

-Asegúrate de que todos realicen un trabajo que les resulte agradable y se ajuste a su formación.

126

-Da un trato cordial a los empleados o compañeros y hazles saber que pueden hablar contigo si tienen un problema.

-Comprueba que estén motivados.

-Procura que los miembros de tu equipo conozcan el objetivo de su puesto y del proyecto.

-Si un miembro del equipo está estresado, haz lo posible para ayudarle a relajarse.

Todo esto son habilidades esenciales que toda buena líder empresaria posee, sin embargo, hasta el mejor equipo sufre, de vez en cuando, un conflicto, lo que debes hacer entonces es:

-Mantén una conversación informal sobre el asunto con las personas en conflicto; busca un momento en el que nadie tenga prisa.

-Deja claro desde el principio que su trabajo consiste en ayudar al equipo a cumplir sus objetivos con la mayor eficacia posible.

Maria Romo

-Pregúntales si te aceptan como mediadora y defiende tu convicción de que hablando llegarán a un entendimiento, pero pídeles que se comprometan a aceptar tu decisión en el caso de que no lleguen a un acuerdo.

-Intervenir lo menos posible en la conversación, a ser posible sólo para recordarles las reglas.

-No permitas que la reunión termine sin que lleguen a un acuerdo.

Existe algo peor que un choque entre personalidades entre dos miembros de un equipo y es cuando éste se divide en fracciones. Un equipo puede dividirse por:

-Desacuerdos en Temas De Política Interna: un fuerte desacuerdo sobre un objetivo colectivo puede provocar un problema en el equipo. Detecta el problema lo antes posible, convoca a una reunión para comentarlo y recuérdale los objetivos al equipo. Una vez tomada la decisión, de fin a la reunión, no tiene sentido que los miembros del equipo sigan discutiendo las

Maria Romo

ventajas e inconvenientes de las distintas opciones.

-La Lucha por el Poder: son más difíciles de manejar y en ellas las fricciones se agrupan en torno a dos cabezas bien visibles. Esta situación sólo se da si los dos líderes avanzan en direcciones opuestas, así que debes lograr que vuelvan a funcionar como un equipo, con metas y objetivos comunes. Procura citar a los dos líderes para que comenten sus diferencias, pero muéstrate firme y segura de ti misma con ambos y enséñales que el equipo no se habría dividido a no ser por su ambición.

GUÍA DE PERSONALIDADES CONFLICTIVAS

Repasemos algunas de los tipos de personas conflictivas en el equipo de trabajo:

Personas Poco Comunicativas: hablan poco y no son conscientes de lo poco que ayudan. Debido al escaso compromiso que aceptan, a menudo son problemáticos, por lo que suelen enfadar al resto de compañeros.

129

Maria Romo

Soluciones:

-Bombardéelas con preguntas para invitarlas a hablar. Procura que sean lo más detalladas posibles.

-Formula preguntas abiertas, es decir, que no se puedan contestar con un sí o un no.

Personas Que No Escuchan: son frustrantes, porque no sólo no prestan atención sino que acostumbran a hacer mal su trabajo.

Soluciones:

-Cuando les hayas dicho lo que querías, añade: "Veamos si me he explicado. ¿Podrías repetirme lo que he dicho?"

-Este tipo de personas tienen dificultades para recordar lo que se hizo la semana anterior, asegúrate de que recuerden lo necesario para hacer bien su trabajo.

Personas Que Sueñan Despiertas: su productividad se viene abajo cuando empiezan a divagar y cometen errores, muchas veces motivadas por el aburrimiento.

Soluciones:

Maria Romo

-Encárgales asuntos que tengan que compartir con otro empleado que se ocupará de mantenerla atenta.

-Asume que esta clase de personas no son para labores rutinarias.

Personas Solitarias: son poco dadas a trabajar en equipo, parecen distantes y eso tiene un efecto negativo sobre el equipo y se cierran a intercambiar ideas.

Soluciones:

-Ten en cuenta que no las vas a cambiar, procura adaptarte a ellas. Concédeles la intimidad que necesitan.

-Muchas veces, este tipo de personas rehúyen el cara a cara; utiliza siempre que puedas el teléfono para comunicarte con ellas.

Personas Reservadas: guardan secretos o no comparten cierta información con el resto del equipo. Generalmente lo son porque necesitan que se les reconozca su valía o porque les da sensación de poder.

131

Maria Romo

Soluciones:

-Procura pedirles información concreta, si es necesario por escrito.

-Cuando obtenga la información necesaria, agradécele su ayuda para que sientan que han hecho un bien al equipo.

TOMA DE DECISIONES

Tomar decisiones es una tarea que llevamos haciendo desde que éramos pequeños pero que con el aumento de la edad cada vez se nos hace más difícil decidir.

Todos los días nuestro cerebro recibe un bombardeo de opciones que debemos analizar y valorar según nuestras expectativas.

Ha llegado el momento en el que has reunido suficiente información y has elaborado una lista de las opciones disponibles para tomar decisiones, ahora, sólo falta decidir cuál es la mejor, en algunos casos, al llegar a este punto, estará claro cuál es la solución idónea, de no ser

132

así, lo más probable es que tengas dos o tres favoritas y hayas descartado el resto.

El método ideal para dar con la solución óptima es seguir el criterio de la eliminación. Imagina que tuvieras de seis o siete opciones, durante la recopilación de datos habrás reducido la lista a tres o cuatro opciones viables, tendrás que ir repasando cada opción y descartando las que consideres menos interesantes, no tardarás en tener una o dos opciones. Al valorarlas haz un esfuerzo por dejar a un lado los prejuicios personales, de lo contrario, podrías inclinarte por una opción simplemente por ser la que se te ocurrió, o puede que te incomoden ciertas soluciones porque no te favorecerían, por ejemplo, al pensar en los autos de la empresa, podrías caer en la tentación de elegir la opción que te permita mantener tu auto, olvida tus preferencias personales y analiza las distintas alternativas desde un punto de vista objetivo.

Maria Romo

Es posible que después de identificar los riesgos y las posibles ventajas ya tengas clara tu decisión; por lo menos, habrás reducido las opciones, en cuanto te des cuenta de que una opción no es la mejor, bórrala de la lista. No tiene por qué ser imposible, basta con que no te parezca lo mejor, deja en la lista sólo aquellas opciones que te sigan resultando interesantes, a estas alturas, no deberían quedar más de dos o tres. Para elegir sólo una de ellas existen distintos métodos para evaluar y cada persona tiene sus preferencias, a algunas les gusta dejarse guiar por su instinto, a otras les gusta calibrar los pros y los contras con cuidado, a unas les condicionan mucho los riesgos mientras que a otras les estimulan las posibles ventajas y siempre ven el vaso medio lleno.

PROS Y CONTRAS EN LA TOMA DE DECISIONES

No se trata de elaborar una lista de consecuencias sino de argumentos a favor y en contra, aunque es evidente que las consecuencias tendrán mucho que ver con los

Maria Romo

argumentos, la lista resultante será más detallada, pero ten en cuenta que incluirá más predicciones y menos certeza.

Veamos cómo sería la lista siguiendo con el ejemplo relativo al descuento a un cliente importante.

PROS:

-El cliente se comprometerá más con la empresa.

-El descuento aumentaría el volumen de ventas.

-Mejorarían las condiciones de pago.

-La producción sería más fácil de organizar.

-Es probable que si se reduce el precio, aumente el volumen de pedidos.

CONTRAS:

-Se reducirá el margen de beneficios.

-Sentaría un precedente con ese cliente.

135

-Si los otros clientes se enterasen, podría sentar un precedente con ellos.

-Nuestros proveedores podrían darnos a su vez un buen descuento inicial para compensar el aumento de volumen pero podrían no mantenerlo.

- Si surgen problemas de producción o de entrega, el margen de beneficios se vería reducido drásticamente e incluso podría evaporarse.

CONSEJO.- Toda decisión implica incertidumbre, no pretendas esperar y obtener una garantía total, así nunca tomarás la decisión, lo cual, puede resultar tan nefasto como lo que temes que pueda ocurrir si escoges la opción incorrecta, procura obtener el máximo de garantías pero siempre dentro de lo razonable y, luego, lánzate.

En este momento seguramente estás ya sabes cuál es la opción más conveniente, pero si todavía te preocupa la elección, nada te impide pedir consejo a terceros, involucra a los demás, ya los consultaste a la hora de elaborar la lista de opciones y puedes volver a hacerlo, ya es el momento para hablar con una o dos personas, también puedes improvisar una reunión rápida con dos o tres compañeros de trabajo; decidas lo que decidas, intenta hablar con ellos por teléfono o cara a cara (pregúntales si creen que alguna es mejor que las otras). Comenta un poco con ellos la cuestión, pero recuerda que no debes perder tiempo ni malgastar el de los demás hablando por hablar, haz la reflexión posterior tú sola. No alargues innecesariamente la reunión, diez o quince minutos son más que suficientes para que los demás hagan su aportación y te ayuden a aclarar tus ideas.

TOMA DE DECISIONES EN LA ELECCIÓN FINAL

Si después de todos los análisis sigues sin poder elegir entre dos opciones, ¡hazlo cara o cruz!, aunque suene raro. Si no puedes elegir es porque ambas opciones son buenas y no

Maria Romo

importa cuál elijas. No olvides que tomar una decisión es importante, y que seguir aplazando ese momento puede ser peor que equivocarte. Aquí puede surgir otro problema: que ninguna de las opciones te satisfaga, entonces, opta por la que te parezca "menos mala", no es agradable, pero no te queda más alternativa. Tienes que tomar una decisión y esa, aunque un poco motivadora, no deja de ser la mejor opción disponible. No olvides que siempre queda la posibilidad de decidir no hacer nada o mantener las cosas como están, pero ten en cuenta que es preferible que decidas no hacer nada a que no hagas nada. Al decidirte permites que los demás sepan a qué atenerse y también que pueden tomar decisiones que dependían de la tuya, de modo que aunque decidas no hacer nada, comunica a los demás que esa es tu decisión. Ahora ya sabes qué vas a decidir y sólo falta una última cosa, que te mantengas firme. Se acabaron las dudas, debes comprometerte por completo con la opción elegida, sí, aunque llegases a ella lanzando una

Maria Romo

moneda al aire o porque era la "menos mala" de todas las alternativas, si tú eres quien la elige, no defiendes tu postura, cómo puedes esperar que los demás lo hagan. Debes estar totalmente convencida para poder transmitir seguridad a tu equipo al comunicarles la decisión y con esto se concluye la toma de decisión.

CONSÚLTALO CON LA ALMOHADA.

El subconsciente encajará las piezas del rompecabezas y le dará forma. Lo más habitual es que al despertar, tengas claro lo que debes elegir, de modo que si puedes deja la decisión para la mañana siguiente, hazlo.

¿QUÉ SIGNIFICA DELEGAR?

Significa repartir responsabilidades. No se trata de librarse de tareas sencillas para las que no tiene tiempo. Delegar te permite conseguir más tiempo para hacer lo importante y ayuda a tu equipo a desarrollar su potencial.

Pide a alguien de tu equipo que realice una tarea y deja que él decida cómo hacerla; de esta manera, aprenderá más y te sentirás satisfecha al lograr un resultado positivo, ayudándote porque liberarás parte del exceso de trabajo, y claro que tú eres la responsable del resultado final, si algo sale mal tendrás que dar la cara, pero gran parte del acierto que supone delegar bien es que nada sale mal.

HABILIDADES PARA DELEGAR TAREAS

Es posible que cuando estés saturada de trabajo y tengas el tiempo en tu contra, decidas delegar las tareas aburridas pero necesarias para ganar tiempo, pero no todo es urgente y deberás aplicar los principios de la delegación a casi cualquier tarea pendiente.

A continuación encontrarás los puntos que te pueden llevar a lograr el éxito delegando:

1- REVISA LA TAREA Y DETERMINA EL OBJETIVO. Determinar objetivos es una de las

Maria Romo

habilidades primordiales, porque recuerda que, **si no sabes hacia dónde vas, es complicado considerar que has llegado**. Un objetivo es un destino final, debes preparar la ruta, calcular el tiempo, encontrar caminos alternativos y, al final del trayecto, estarás consciente de que llegaste a donde querías, por tanto, lo primero es definir el trabajo determinando el objetivo del mismo. Junta las tareas que tengan un mismo objetivo, si requiere información para preparar una propuesta, pídela a otro que la busque, que investigue todo sobre ella, el objetivo es conseguir toda la información que puedas para que tu propuesta esté documentada y sea convincente.

2- **DECIDE EN QUIÉN VAS A DELEGAR LA TAREA**. Si algo no es urgente, escoge a la persona más indicada para realizar el trabajo, tu equipo te lo agradecerá. Nada impide que encargues una tarea a una persona capaz e inteligente, aunque no tenga experiencia en esa área. Por otro lado, no tiene sentido delegar un

Maria Romo

trabajo en alguien a quien no le corresponde, si eso supone desaprovechar su talento y su capacidad. Si quieres que alguien investigue algo, busca una persona metódica y cordial, que sepa tratar a los demás y pueda convencer a una persona muy ocupada de que pierda algo de tiempo buscando datos.

3 - **FIJAR LOS PARÁMETROS.** La persona en la que delegas ha de conocer el trabajo a realizar, el objetivo, que conozca lo que se espera lograr y por qué, pero necesitarás saber algo más, de cuánto tiempo dispone o qué autoridad tiene. Así pues, deberás proporcionarle lo siguiente:

-Un objetivo
-Un plazo de entrega
-Unos parámetros de calidad
-Un presupuesto
-Determinar hasta dónde llega tu autoridad
-Información sobre los recursos disponibles

No le expliques cómo ha de realizar el trabajo, limítate a facilitarle todo lo necesario para obtener el resultado deseado. La persona ha de ser libre de elegir cómo llegar a ese resultado. Si lo deseas, pídele que te indique qué camino piensa seguir, pero no lo cambies si no te parece bien. Si prevés un problema que la otra persona no parece ver, hazlo saber y deja que sea ella quien lo resuelva.

4 - ASEGÚRATE DE QUE TE HA ENTENDIDO. Anima a la otra persona a que hable sobre el trabajo para estar seguro de que ha entendido bien lo que tiene que hacer y por qué, le puedes sugerir ideas pero no lo desorientes ni le obligues a adoptar tu enfoque.

5 - DA INFORMACIÓN. Si puedes, ayuda a la persona en la que haz delegado. Habla con otra persona para que le ayude, explícale dónde puede encontrar la información si tú lo sabes y ella no, facilítale el acceso a los documentos que puedan serle útiles, entrégale una copia del borrador o notas de la propuesta para que la investigue.

Maria Romo

6 - SIGUE DE CERCA SUS AVANCES. Si el proyecto es largo, organiza reuniones de seguimiento, aún en las tareas cortas, no olvides comprobar cómo va, un seguimiento cercano e informal suele dar mejor resultado que una reunión formal, eso permite que la persona te consulte las dudas que hayan surgido, que compruebe que no se está perdiendo en detalles o que ha elegido el enfoque equivocado. El seguimiento mejora tu confianza y te tranquiliza, en cualquier caso, hacer un seguimiento no implica interferir. Compruebe que no está cometiendo errores graves, pero no pierda el tiempo con trivialidades, es inevitable que no todo esté a tu gusto y, seguramente, de haber hecho el trabajo tú, habrías cometido errores similares, pero no pierdas el tiempo, sólo debes intervenir en caso de error grave y sólo para que las cosas vuelvan a su cauce. Quitarle a alguien una tarea que le habías delegado resulta muy desmoralizador y sólo debe hacerse en circunstancias extremas.

7 - **VALORA EL TRABAJO**. Cuando la persona haya terminado su trabajo, prepara una reunión de evaluación. Si lo merece, felicítale su esfuerzo, ten en cuenta que aunque el resultado no fuese el esperado, siempre hay algo que valorar. Es importante que la persona haya aprendido una o más lecciones al realizar la tarea. Recuerda que tanto el éxito como el fracaso son responsabilidad tuya.

ACTIVIDAD:

EN TU PROYECTO CUAL HA SIDO LA DECISION MAS FUERTE QUE HAS TOMADO PARA LOGRAR EL ÉXITO PREVISTO?

_____

_____

_____

_____

Maria Romo

"MUJER, DE EMPRENDEDORA A EMPRESARIA"

Maria Romo

10.- SECRETOS DE EMPRESARIAS EXITOSAS

Las mujeres que han logrado convertir sus negocios en proyectos productivos tienen algunos secretos en común, CONÓCELOS!!

GENERAN ECONOMIAS. Cuando un hombre empieza a tener éxito en su negocio, hace un segundo piso de su tienda, compra una moto para repartir, trata de que su empresa crezca lo más posible. Cuando las mujeres tienen éxito, lo primero que hacen es tratar de ayudar a sus allegados a tener negocios exitosos, eso es generar una economía de impacto.

ESTUDIAN EL MERCADO. Las mujeres que consiguen convertir sus pequeños negocios en empresas tienen claro cómo es su producto, quien es su comprador y cuáles son las ventajas de la competencia.

Maria Romo

DICEN NO A LOS NEGOCIOS DAÑINOS. Cualquier emprendedor debe tener en claro que no importa, cuan rentable sea, ningún puesto de artículos pirata o mercancía ilegal puede convertirse en un negocio positivo.

EVITAN HACERSE FALSAS EXPECTATIVAS. Si a una vecina le fue bien con un negocio de venta de algún producto, no significa que la misma comunidad deba tener 10 negocios similares. Lo que funciona para los otros puede no funcionar contigo.

GENERAR VALOR. Qué hace exitoso a un producto? La respuesta reside en aquello que lo hace diferente y mejor al resto de la oferta.

APRENDEN A SOLICITAR LOS APOYOS AL ALCANCE. Las mujeres EXITOSAS en negocios generalmente se informan, aprenden a tocar puertas y reunir requisitos para los apoyos gubernamentales que estén a disposición.

CUMPLEN CON LAS NORMAS. Si hay un nuevo régimen fiscal se informan, buscan apoyo y hacen lo posible por cumplir con sus nuevas obligaciones.

SE INVOLUCRAN CON SU COMUNIDAD. Crecer es importante, posicionar los productos es parte del proceso, pero entre las características de las mujeres exitosas destaca el buscar el desarrollo de su comunidad y participan.

ACTIVIDAD:

QUE SECRETO DE ÉXITO APLICAS EN TU NEGOCIO:

_____

_____

_____

_____

_____

149

Maria Romo

"MUJER, DE EMPRENDEDORA A EMPRESARIA"

Maria Romo

11.- RELACIONES PUBLICAS

RELACIONES PÚBLICAS se le llama al **arte y ciencia de gestionar la comunicación entre una organización y el público clave para construir, administrar y mantener su imagen positiva.** Es una disciplina planificada que se lleva a cabo de modo estratégico. Tiene la característica de que no sólo se dirige a su público sino que también lo escucha y atiende sus necesidades, favoreciendo la comprensión entre ellos y la organización. La finalidad principal de cualquier actividad de relaciones públicas es la gestión de la imagen de nuestra organización, mediante el desempeño de las siguientes funciones:

Gestión de las Comunicaciones Internas: Es importante conocer a la gente de la organización y que éstos a su vez conozcan las

151

políticas de la misma, ya que no se puede comunicar aquello que se desconoce.

Gestión de las Comunicaciones Externas: Toda organización debe darse a conocer a sí misma y a su gente a través de la vinculación con otras organizaciones de cualquier tipo.

Funciones Humanas: Es fundamental que la información que se transmita sea siempre veraz, ya que la confianza del público es la que permite el crecimiento de la organización.

Análisis y Comprensión de la Opinión Pública: Edward Bernays, considerado el padre de las relaciones públicas, afirmaba que es necesario manipular a la opinión pública para ordenar el caos en que está inmersa. Es esencial comprender a la opinión pública para poder luego actuar sobre ella.

Trabajo Conjunto con otras Disciplinas y Áreas: El trabajo de todo relacionista público debe tener una sólida base humanista con formación en psicología, sociología y relaciones humanas.

Maria Romo

Se trabaja con personas y, por ende, es necesario comprenderlas.

También es importante el intercambio con otras áreas dentro de la comunicación como la publicidad o el marketing. Si bien éstas últimas tienen fines comerciales, debe existir una coherencia entre los mensajes emitidos por unas y por otras para así colaborar a alcanzar los fines de la organización.

Las herramientas de las que se valen las relaciones públicas para cumplir con sus objetivos y funciones son:

- La organización de eventos

- El cabildeo

- Planes de responsabilidad social

- Relaciones con los medios de comunicación

Diarios/periódicos: permite a la organización acceder al público general.

Maria Romo

Revistas: permite acceder a públicos más y mejor segmentados.

Radio: permite transmitir información instantáneamente las 24 horas del día.

Televisión: Otorga gran notoriedad a la institución, pero es difícil y caro acceder a ella.

Internet: Se puede trabajar sobre el sitio web institucional o con la versión en línea de diversos medios.

LA CIENCIA DE LAS RELACIONES PÚBLICAS

Las relaciones públicas cuentan con una serie de atributos:

Amplitud: las relaciones públicas pueden ser aplicadas a diversas situaciones de la vida cotidiana.

Apertura: están dispuestas a generar modificaciones cuando sea necesario.

Empirismo: se basan en la experimentación.

Maria Romo

Método: tienen un método propio comúnmente llamado **IPCE**: **I**nvestigación, **P**lanificación, **C**omunicación y **E**valuación.

Utilidad: ayudan a los fines de la organización y a la gestión de la imagen.

HISTORIA DE LAS RELACIONES PÚBLICAS

Se dice que las relaciones públicas se remontan a la antigüedad, pues ya en las sociedades tribales eran utilizadas para promover el respeto a la autoridad del jefe.

En la Antigua Grecia se fomentaba la discusión pública y se persuadía al público mediante el teatro. Los romanos introdujeron dos vocablos propios de la profesión: la *Res República* ('cosa pública') y la *Vox Populi* ('voz del pueblo'). Tras la caída del Imperio Romano, siguió una época de oscurantismo durante la Edad Media donde el desarrollo de las relaciones públicas fue casi nulo, pues no se permitía el libre debate de ideas; sin embargo, el Renacimiento trajo consigo la libertad de

155

expresión y el libre intercambio de ideas que dieron gran impulso a la profesión, la cual creció sin cesar. Sin duda, el país que más favoreció el crecimiento de las relaciones públicas desde esta época hasta la Segunda Guerra Mundial fue Estados Unidos.

En Europa las relaciones públicas no crecen con la misma intensidad que en Estados Unidos debido a la presencia de gobiernos totalitarios que impidieron el desarrollo de la disciplina.

IMPORTANCIA DE LAS RELACIONES PÚBLICAS

Actualmente existen una gran cantidad de productos y servicios y debido a eso el mercado es cada vez más amplio y confuso, frente a esta situación, la publicidad ya no basta porque ha perdido credibilidad y se hace sumamente necesario encontrar una herramienta que permita diferenciarse a las empresas. Aquí entran en juego las relaciones públicas como disciplina que logran diferenciar a la organización de sus competidoras. Para lograrlo, las relaciones públicas trabajan con diversos intangibles:

Identidad: Es el ser de la organización, aquello que la caracteriza y diferencia del resto. Sobre ella las relaciones públicas gestionan otros dos intangibles: la cultura organizacional y la filosofía.

Filosofía: Plantea el objetivo global de la organización y el modo de llegar a él. Establece una misión (el beneficio que la organización proporciona a su público), valores (por los cuales se rige la organización) y visión (a dónde quiere llegar, que debe ser un objetivo difícil de alcanzar pero no utópico).

Cultura: Se da por el proceder o modo de actuar de la organización en su conjunto. Tiene que ver con los valores que se fomenten y el modo de orientar la actuación de la organización.

Imagen: Es aquella representación que la organización desea construir en los interesados con los cuales la organización se relaciona o construye vínculos comunicativos.

Reputación: Es la representación mental que se hace el público sobre una organización a través de las experiencias (directas o indirectas) que hayan tenido con la misma y de la forma como la organización se comunica con sus interesados.

IMAGEN CORPORATIVA

La imagen no se gestiona directamente, porque es propiedad del público, los profesionales de las relaciones públicas la gestionan indirectamente, trabajando sobre la identidad. Para gestionar es necesario conocer qué imagen tiene el público sobre la organización y se logra estudiando cuán conocida o desconocida es, y también mediante el uso de encuestas, entrevistas, grupos focales, etcétera. Luego es necesario planificar para establecer, teniendo en cuenta la

158

Maria Romo

imagen actual, cuál es la imagen que se desea obtener y el modo para llevarlo a cabo.

Los beneficios principales que proporciona una imagen bien definida son:

- La identificación de la organización

- La diferenciación

- La referencialidad

- La preferencia: es el principal objetivo al gestionar la imagen, el público elije la organización.

ACTIVIDAD:

CUAL ES LA IMAGEN QUE GENERA TU
PROYECTO?_____

_____

CUAL ES TU FILOSOFIA EN EL MISMO?

_____

_____

Maria Romo

"MUJER, DE EMPRENDEDORA A EMPRESARIA"

Maria Romo

12.- COMO CAMBIAR TUS RESULTADOS PERSONALES

MANTEN TU ESTRES EN NIVEL BAJO.

En tu trabajo, en tu tiempo de ocio, en tu descanso, en la forma como te alimentas, con el ejercicio, en la comunicación, con tus diálogos internos, al saber vivir, en tus vacaciones

MEJORAR LA RELACION CON LA PAREJA.

Analícense los dos por separado y comparen resultados, si se critican o se felicitan, y con qué frecuencia lo hacen en los siguientes puntos:

- Por como administro el dinero

- Por decir lo que quiero, lo que pienso y lo que siento

Maria Romo

"MUJER, DE EMPRENDEDORA A EMPRESARIA"

- Por otras cosas que hago fuera de casa

- Por desear a veces la soledad

- Por mi orden personal y mi limpieza

- Por mi puntualidad

- Por mi actitud respecto a nuestra vida sexual

- Por mi sentido del humor

- Por mi inteligencia

- Por mi aspecto personal

- Por saber escucharla

- Por mis ideas

- Cuando jugamos juntos

- Por trabajar mucho

- Por la capacidad de decidir

- Por recordar fechas nuestras importantes

Maria Romo

- Por actuar adecuadamente con el sexo contrario

- Por cumplir o no cumplir lo que le prometo

- Por mi capacidad de relación con nuestros amigos

- Por mi capacidad de relación con nuestros padres

ELEVAR LA AUTOESTIMA.

Algunos motivos que ayudan a bajar la autoestima son: Auto crítica rigorista, indecisión, deseo innecesario de complacer, perfeccionismo, culpabilidad, hostilidad, tendencia depresiva. Piensa si alguno de estos motivos te afecta a ti. Ahora lo haz lo siguiente:

1) Defiende tus valores y principios aún cuando encuentres fuerte oposición colectiva.

2) Actúa según creas más acertado, aún cuando a otros les parezca mal lo que hagas.

Maria Romo

3) Confía en tu capacidad, sin dejarte acobardar por fracasos y dificultades.

4) Tú eres igual a cualquier otra persona, aunque reconozcas diferencias en talentos, prestigio profesional o posición económica.

5) Eres una persona interesante y valiosa para todos con los que te relacionas.

6) Una cosa es que colabores con los demás y la otra que te dejes manipular.

7) Cada noche, al ir a dormir, visualiza mentalmente el niño que hay en ti con sus angustias, temores y complejos. Imagínate a la edad de 8 o 10 años, obsérvate, abrázate, háblate a ti mismo, a partir de este momento te ayudarás a sentirte bien y a desarrollarte en armonía y equilibrio. A la mañana siguiente antes de salir a la calle pregúntate: ¿Qué haré hoy para hacerme feliz? Y hazlo!

Maria Romo

SENTIR Y ACTUAR CON EL PERSONAJE ADECUADO.

Dentro de ti hay tres personajes: el MAYOR, el ADULTO y el PEQUEÑO:

Tu MAYOR ha de ser firme, justo, correcto, da reconocimientos y puntos de vista, dice adecuadamente si las cosas están mal, ha de dar permisos, querer, alimentar y consolar, deja ser. No ha de ridiculizar, burlarse ni menospreciar, no ha de ser agresivo ni sermonea, no desvaloriza, ni juzga ni critica, no ha de proteger exageradamente y menos, atosigar, ser salvador o redentor.

Tu ADULTO procesará la realidad a través del pensamiento racional y lógico, será objetivo, pregunta y escucha con atención, analiza y comprueba los hechos

Tu PEQUEÑO ha de ser disciplinado, responsable, respeta las normas y desarrolla hábitos de conducta. Se revela solo ante las imposiciones injustas y los atropellos.

165

Maria Romo

Manifiesta sentimientos y emociones con espontaneidad. Tu PEQUEÑO no ha de ser autómata, miedoso, no se deja pisar, no es vengativo, ni manipulador, no es temerario, ni egoísta o mentiroso.

En toda relación social, laboral o familiar, actúa con el personaje adecuado. Controla el MAYOR, desarrolla el PEQUEÑO y activa el ADULTO. Cuando la comunicación con otra persona es conflictiva, piensa cómo sería actuando con el ADULTO y hazlo.

ASISTIR A LA CITA DIARIA CON UNO MISMO.

Antes de dormir dialoga con tu subconsciente, en un lugar tranquilo, con luz tenue, música relajante, con los párpados cerrados dirigiendo la mirada hacia una pantalla imaginaria. Realiza algunas respiraciones profundas aguantando el oxígeno, realiza mentalmente una cuenta regresiva, visualizando los números, relajación de cada mano y cada pie con sensación de peso y calor en cada extremidad, hasta sentir un hormigueo. Visualiza tu deseo en un film en blanco y negro, saber lo que quieres, deseándolo profundamente, visualiza tu realización viendo como este film va tomando color y siente la vivencia interna de haberlo ya conseguido. Sal de la relajación contando del 1 al 5 lentamente.

CÓMO GENERAR CONFIANZA EN LOS DEMÁS.

Demostrar Constantemente Las Intenciones: esto aumentará la tolerancia de la otra parte.

Hacer Siempre Lo Que Se Ha Dicho: la confianza crecerá en la medida en que cumplamos nuestros compromisos.

Ir Más Allá De La Relación: la otra parte nos ha de ver más que a un vendedor un colaborador, más que en la oposición, a su lado.

Escuchar Abiertamente Lo Que Diga La Otra Parte: y ver qué puede hacerse para ajustarnos a dichas preferencias.

Maria Romo

Estar Preparado Para Discutir Lo Peor: los puntos difíciles. Ser honesto aunque cueste, cuando la otra parte haya cometido algún error, y procurar conseguir un resultado justo.

Tener Una Mentalidad De Abundancia En Vez De Una Mentalidad De Escasez: Lo importante sería no cómo dividirse el pastel sino cómo crear un pastel más grande.

Asumir Ciertos Riesgos: esto demostrará nuestra fe en la otra parte. Facilitar a la otra parte información sobre ambos aspectos del asunto que se negocia, y no únicamente sobre el que se prefiere.

CÓMO HACER QUE LOS OTROS HAGAN.

Las distintas formas de comportamiento de una persona pueden desembocar en sentimientos de triunfo o bien de fracaso. En el primero de los casos se tiende a repetir dicho comportamiento. Ante un fracaso, generalmente se cesa o modifica aquel comportamiento.

Maria Romo

HAY TRES ACTITUDES DE TODO JEFE (A):
- reconocer las actuaciones correctas
- criticar las incorrectas
- aprobar más a menudo la actuación correcta que criticar la incorrecta

¿QUÉ ES EL REFUERZO?

Si una actuación o proceder te lleva al éxito, ésta se repite, por lo que en general cuando una persona ha desarrollado una costumbre es que ha estado relacionada con una experiencia de éxito.

RECONOCIMIENTO O APROBACIÓN

Para potenciar las costumbres positivas es imprescindible reconocer el buen comportamiento y el trabajo eficiente a los colaboradores, así se evita que ellos abandonen o trabajen sin ilusión.

CRÍTICA O AMONESTACIÓN

La crítica o amonestación se ha de administrar como una crítica positiva. Para evitar las costumbres negativas es necesario

Maria Romo

criticar o amonestar su práctica. La crítica produce efectos negativos sólo en los siguientes casos:

- cuando es extremadamente dura.

- cuando no solo se critica lo importante, sino también lo accesorio.

- cuando no solo se critica lo actual, sino también lo anterior.

- cuando no solo se critica el trabajo sino a la persona.

- cuando no se critica privadamente, sino que se hace delante de otros.

¿SE NEGOCIA PARA GANAR O PARA PERDER?

Existen tres posibles resultados para una negociación:

- Perder-perder
- Ganar-perder
- Ganar-ganar

Maria Romo

Existen Cuatro Estilos de Negociación:

- **Amigables**: se centra en desarrollar la relación.

- **Impulsadores**: se centra en resultados concretos.

- **Analíticos:** se centra en explorar metódicamente todas las opciones.

- **Indefinidos**: gente que no tiene preferencias claras.

Existen Tres Elementos Fundamentales de una Negociación:

- **La información:** conseguir la mayor cantidad de información posible antes de la negociación.

- **El tiempo:** se ha de ser paciente y aprender a esperar.

- **Formular preguntas**: para obtener la máxima información y saber escuchar.

Los Negociadores Efectivos Obtienen más Escuchando que Hablando.

Maria Romo

Pongamos atención a los mensajes no verbales, alguien puede estar diciendo una cosa; pero, si su cuerpo muestra lo contrario, podemos estar seguros de que el mensaje no verbal refleja exactamente lo que la persona está pensando. Se han de analizar los intereses y razones de la otra parte, sin implicarnos emocionalmente.

Busca y escribe todas las alternativas posibles, fijando la más adecuada y aplicando una estrategia:

- Trata de encontrar beneficios mutuos ganar-ganar, en lugar de perder-perder.
- Enfrentarse al problema objeto de la negociación, pero nunca a las personas que la llevan a cabo, no humillando ni ofendiendo a la otra parte.
- Desarrollar la empatía y la comunicación. Muchas negociaciones no llegan a feliz término por culpa de malos entendidos.
-

Maria Romo

¿VAMOS DE GANADORES O DE PERDEDORES?

Hay dos tipos de personas. Las ganadoras y las perdedoras. **<u>¿Tú de qué vas?</u>**

La persona ganadora busca la solución a cada problema. La perdedora encuentra un problema a cada solución.

La ganadora siempre está dispuesta a ayudar. La perdedora huye de ayudar a los otros.

La ganadora piensa, siente y actúa analizando si lo difícil es posible. La perdedora piensa, siente y actúa encontrando difícil todo lo posible.

La ganadora está bien consigo mismo. La perdedora está mal consigo mismo.

La ganadora piensa que lo puede hacer. La perdedora piensa que no lo hará.

Maria Romo

La ganadora siempre ve el vaso medio lleno. La perdedora siempre ve el vaso medio vacío.

Si quieres ser ganadora tan solo has de hacer una cosa, actuar como tal.

CAMINAR HACIA LA FELICIDAD

Los Demás. La forma como cada persona se siente a sí misma y a los demás respecto a ella, es el trayecto de la propia felicidad. Piensa cómo te relacionas con los demás. ¿Dominando, con impotencia, con sumisión o bien cooperando? ¿Con desprecio, tristeza, vergüenza o satisfacción? Cooperando y con satisfacción conseguirás encontrar el camino a la felicidad

El Tiempo. Todos distribuimos el tiempo en las mismas cosas, lo que nos diferencia a unos de otros, es la forma de invertirlo:

1 - La Meditación. Tiempo para aislamiento físico y mental en el que nos paramos a pensar y

174

reflexionar.

2 - La Actividad. Cualquier acción realizada hace contacto con la realidad, eso es una actividad.

3 -Las Relaciones. El contacto con los otros, compartiendo emociones, experiencias y pensamientos.

Analiza cuanto tiempo dedicas a cada uno de estos conceptos, organízate, según como inviertas tu tiempo, tu "activo" crecerá.

Lo Que Se Hace. Uno de los secretos de la felicidad no está en hacer lo que nos gustaría, sino en que nos guste lo que hacemos. Aprovecha intensamente cada día, cada hora, cada minuto, vive en profundidad porque la vida pasa y nada se repite.

La Maleta. La vida ha sido generosa contigo, pues una buena parte de lo que hay en ella, te lo han regalado. Por supuesto que hay cosas que te han costado y quizá hasta un buen precio has tenido que pagar, pero a pesar de esto, el balance es positivo. Todos llevamos en la maleta algo que nos disgusta, que nos pesa, inclusive a cada uno de nosotros nos parece que nuestro propio peso es mayor que el de los demás, pero solo es una percepción. ¿Qué pesa más, un kilo de hierro o un kilo de paja?

El Tener. La austeridad es una forma de ver y vivir la vida que nos puede ayudar a ser más felices, muchos tienen poco y pocos tienen mucho. Si me preguntes qué es la austeridad, te diré lo que no es, no es ostentación, no es vanidad, no es malgastar, no es consumir, no es tener por tener. Disminuye tu codicia y serás más rico.

La Culpa. ¿Tú eres de las personas que piensan que casi siempre la culpa es de los otros? Identifica y corrige los errores de tu propio comportamiento. La mejora de la persona depende de la manera de razonar, de lo que tenemos, de nuestra forma de ser y hacer, esto ayuda a evitar estar a la defensiva, dejando de lado la autocrítica.

Maria Romo

EDUCA A LOS HIJOS CON 4 REGLAS BÁSICAS

Caricias Positivas. Físicas, psíquicas y verbales. Sorpréndelos haciendo cosas bien hechas y alábaselas. Si una actitud tiene éxito, ésta se repite reconociendo sus actitudes positivas, estamos potenciando su buen comportamiento, y en muchas ocasiones, será suficiente reconocer la buena voluntad de una acción.

Disciplina. Firme y exigente, no dejes pasar nada por alto, pero con dulzura. Cuida la forma de criticar una mala actuación. Los hijos reaccionan con odio o rebeldía si la crítica es demasiado dura, cuando no solo se critica lo importante sino también lo que no lo es tanto, cuando en la crítica se recuerdan situaciones pasadas, cuando se desvaloriza la persona. Procura no corregirlos delante de otros.

Alegría. Es equilibrio, y éste se transmite, es un ingrediente básico en esta fórmula y que compensa cualquier logro.

Maria Romo

Ideal de Vida. Es el deseo que hemos de transmitir a nuestras generaciones y con el que hemos de ser consecuentes. Predica con el ejemplo, si bajamos la guardia con nosotras mismas, ellos lo ven. ¿Qué no es fácil? Todo lo que vale la pena cuesta un esfuerzo. ¿Los hijos valen la pena?

HACERSE MAYOR NO ES NINGÚN PROBLEMA

El problema de hacerse mayor es haber sido joven y ver que la sociedad nos va dejando de lado sin razones objetivas, pues muchas aún nos encontramos bien de salud y nos sentimos personas en plena actividad con ganas y mucha necesidad de trabajar. Hemos de valorar otras razones, hacerse mayor es un grado, hemos ganado experiencia, sensatez y libertad. Ahora es el momento de pensar en el pasado y reflexionar sobre el sentido que ha tenido nuestra vida e iniciar un encuentro con nuestro yo interior.

Maria Romo

Al hacernos mayores podemos hacer más positiva nuestra forma de vivir:

- No obsesionarse con las nuevas limitaciones que puedan ir apareciendo.

- No dudar en relacionarnos con nuevas personas.

- No reprimir nuestros sentimientos.

- No aparentar lo que no somos.

- Borrar rencores con las personas que amamos.

- Colaborar en tareas que nos interesen y nos llenen.

- Vivir esta nueva etapa de hacerse mayor como un periodo de crecimiento personal.

MEJORAR LA COMUNICACIÓN

La comunicación es el resultado de un intercambio de información compartiendo opiniones entre dos o más personas.

Maria Romo

Frecuentemente se dan malos entendidos llevándonos a desacuerdos y conflictos, aumentando la desconfianza:

- Por comentarios inapropiados sobre terceros.

- Por ofender gratuitamente.

- Por desautorizar públicamente.

- Por una actitud prepotente.

- Por competitividad.

- Por malos entendidos.

- Por no reconocer méritos.

- Por generar conflictos.

- Por amor propio.

- Etc.

Veamos a continuación ciertos principios que nos pueden ayudar a comunicarnos con los demás:

Maria Romo

- Los comentarios sobre los hechos deben diferenciarse de las opiniones que tengamos sobre aquellos.

- Nuestra percepción de la realidad puede diferir de la percepción de la realidad del otro.

- Nuestros comentarios, si son emocionales, afectarán de distinta forma a quien los escuche.

- No es lo que decimos sino cómo lo decimos.

- Las mismas palabras pueden tener distinto significado según la persona que las reciba.

También las distintas formas de comprensión nos pueden ayudar en esta comunicación con los demás:

- **Comprensión verbal**. Nos comprendemos por las palabras que utilizamos.

- **Comprensión simpática**. Comprendemos al otro según lo agradable que nos resulta.

- **Comprensión lógica**. Comprendemos los razonamientos que nos exponen.

181

Maria Romo

- **Comprensión empática**. Nos colocamos en el sitio del otro y tratamos de comprender sus motivaciones.

Cuando nos comunicamos debemos de tener en cuenta: nuestra percepción y la percepción del otro, nuestras expectativas y las expectativas del otro, nuestras exigencias y las exigencias del otro.

La consideración, el respeto y la confianza se logran con el tiempo, Stephen Covey lo denomina como la cuenta bancaria emocional, donde hacemos depósitos constantemente y ganamos interés y confianza del otro. En algunos casos esta cuenta es tan fuerte que podemos darnos el lujo de enfrentar algunas dificultades en la relación sin que ello traiga consecuencias graves para la comunicación en un futuro.

Maria Romo

ANALIZAR LOS TRABAJOS PARA SER MÁS EFICAZ

1. ¿Qué hago?

2. ¿Cuál es el fin de esto que hago y estoy analizando aquí?

3. ¿Es necesario?

4. ¿Qué ocurriría si lo elimino?

5. ¿Tenía una utilidad en el pasado que hoy ha desaparecido?

6. ¿Es útil? ¿Qué se obtiene?

7. ¿Dónde lo hago?

8. ¿Debe ser hecho allí?

9. ¿No hay otro emplazamiento donde se podría hacer de forma más racional?

10. ¿Cuándo lo hago?

11. ¿Es el mejor momento para hacerlo?

Maria Romo

12. ¿No podría hacerlo junto con otra cosa?

13. ¿Se podría hacer antes? ¿Daría mayor fruto?

14. ¿Sería mejor hacerlo más tarde?

15. ¿Qué inconveniente habría en variar la fecha, el día o loa hora?

16. ¿Qué ventajas tendría?

17. ¿Por qué lo hago yo?

18. ¿Quién debería hacerlo?

19. ¿Lo podría hacer otra persona?

20. ¿Cómo lo hago?

21. ¿No se puede hacer más sencillamente?

22. ¿Se puede hacer más cómodamente?

23. ¿Se puede hacer en más corto tiempo?

24. ¿Los medios empleados son los más adecuados?

25. ¿Existen otras formas de realizarlo?

Maria Romo

Si deseas alcanzar el éxito has de conseguir más eficacia en menos tiempo.

ES DIFÍCIL SABER ESCUCHAR

Aunque te imagines el final, ¿escuchas sin interrumpir?, ¿Juzgas antes de finalizar la exposición?, ¿Dejas que tu interlocutor acabe de hablar sin interrumpirle?, ¿Intentas escuchar qué es lo que no te dicen?, ¿Tratas de comprender lo que te dicen y por qué te lo dicen?, ¿Te concentras en lo que te dicen ignorando el entorno?, ¿Miras a los ojos de tu interlocutor?, ¿Cuándo hablas con otra persona, dejas de hacer lo que hacías?

Cuando te piden que escuches y empiezas a dar consejos no haces lo que te han pedido, escucha, a veces lo que te piden únicamente es que escuches. Cuando tú no solo escuchas sino que haces algo por la otra persona, algo que ella podría hacer por sí misma, estás contribuyendo a su sensación de incapacidad, por lo tanto, por favor escucha. Finalmente te haré una pregunta: ¿Verdad qué te gusta que te escuchen?

CÓMO DARLE A LA COMPAÑIA LO QUE ESPERA

Reglas que ayudan en el día a día a alcanzar el éxito laboral.

1.- Sé una persona positiva y ten confianza en ti.

2.- Establece objetivos y planifica como los conseguirás.

3.- Conoce que es lo que la compañía necesita y quiere de ti.

4.- Trabaja para servir, no para ganar.

5.- Establece relaciones a largo plazo.

6.- Prepárate y proyecta una imagen profesional.

7.- Genera confianza. Si vas siempre con la verdad, no habrás de cambiar las historias.

8.-Mantén tus promesas.

Maria Romo

9.- Haz solo que sonrían.

10.- Conócete bien y vende de ti lo mejor para la compañía.

11.- Préstale atención a las señales de la empresa respecto a tu actitud.

12.- Aprende a saber cuándo se ha de callar, y calla.

13.- Continúa, hazlo una y otra vez y si es necesario hazlo diez veces.

14.- Recuerda que nadie te está rechazando a ti, solo en ocasiones a tu trabajo.

15.- Se flexible, con disposición al cambio.

16.- No culpes a los demás. Asume tu responsabilidad.

17.- Trata de dar una buena impresión para que la gente también la transmita de ti.

Maria Romo

18.- Mantén un plan de formación continua tanto para el desarrollo personal como profesional

Y recuerda que *el éxito es la combinación de tres actitudes*: Realizar el trabajo con rigor, no desfallecer ante el esfuerzo y mantener siempre la ilusión.

PARA SER MÁS CONGRUENTE CADA DÍA

Piensa en todo aquello que consideras que anda mal en tu vida, en tus relaciones familiares, tu vida afectiva, tu trabajo, tu economía, tu cuerpo, tus emociones, tu capacidad para pensar, para tomar decisiones, para defender tus deseos y tus derechos, etc. y escribe las tres cuestiones que peor te funcionen. Busca culpables para cada cuestión, ahora determina, aunque te cueste, tu responsabilidad en cada asunto. Pregúntate: ¿Qué hago, no hago, no hice, para que tal cosa no ande bien? Y ahora llega el gran momento de la verdad. ¿Realmente quieres cambiar y

Maria Romo

cómo crees que puedes hacerlo?, y por último, pon excusas que justifiquen por qué no realizas los cambios necesarios en tu vida, expresado a través de quejas.

Ejemplo:

1: Autoconciencia

Problemas:

-1) discusiones con mi pareja, 2) descontento en el trabajo; 3) no me alcanza el dinero;

(Seguiremos el ejemplo de forma resumida con el punto 3: "no me alcanza el dinero")

2: Descalificación

La culpa es de...

-El gobierno, los ministros de economía, mi pareja que gasta mucho, mis hijos que quieren que les compre todo.

3: Autocrítica

¿Qué hago para quedarme sin dinero?

Maria Romo

¿Qué hago para que mi pareja gaste tanto?
¿Qué hago para que mis hijos me pidan
constantemente?

4: Respuestas con compromiso

-Sigo comprando muchas revistas que no leo;
viajo en taxi ida y vuelta sin necesidad; me voy a
comer con mis amigos varias noches al mes; me
compro cosas innecesarias que termino no
disfrutando. No le propongo a mi pareja
planificar nuestros gastos. A los chicos no les
pongo límites de dinero en forma adecuada.

5: Deseo de cambio y propuestas

Sí: quiero cambiar.

- Voy a comprar solamente la revista que leo;
voy a viajar en taxi sólo en caso de necesidad;
voy a salir a cenar con mis amigos solo una vez
al mes; antes de comprar algo voy a ver si lo
necesito o es un capricho. Le voy a proponer a
mi pareja hacer un plan de gastos. Les voy a
poner a los chicos límites a sus gastos.

Maria Romo

6: Autoengaño

- No creo que me sea fácil.

Estoy muy cansado para viajar en transporte público. En los viajes me aburro y una revistita no me viene mal. No tengo tiempo para sentarme con mi pareja para planificar gastos. ¡Huy! Me dejé llevar. En realidad no necesitaba ese CD. Por más que les explique mis chicos no entienden, son chicos, quieren todo. La culpa la tiene la televisión.

RESULTADO FINAL

Si pudiste escribir es porque tienes autoconciencia, tienes claro a quien echarle la culpa. Si te preguntaste y respondiste es porque tienes autocrítica, deseas el cambio y sabes qué hacer para lograrlo, y además, eres una persona especialista en ponerse trampas, así que ¡Cuidado! Tú eliges...

CURSO RÁPIDO DE RELACIONES HUMANAS

Lección 1.   SONREIR.

Maria Romo

Lección 2.   MIRAR A LOS OJOS.

Lección 3.   LLAMARLES POR SU NOMBRE.

Lección 4.   ESCUCHAR.

Lección 5.   TRATAR DE COMPRENDER SUS MOTIVOS.

Lección 6.   BUSCAR EL GANAR-GANAR.

Lección 7.   AGRADECER.

Lección 8.   DISCULPARNOS SI ES NECESARIO.

Lección 9.   DESTERRAR EL MÍ Y EL YO.

Lección 10. UNOS BREVES CONSEJOS, PARA UNOS RESULTADOS ESPECTACULARES.

Maria Romo

13.- CONSEJOS PRACTICOS PARA ABRIR TU PROPIO NEGOCIO

Tener nuestra propia empresa es para muchas el anhelo de toda la vida; para otras, es la esperanza de tener una oportunidad mejor a seguir siendo sólo empleadas. Estas situaciones se aplican muy bien a las hispanas que vivimos en Estados Unidos, de hecho, una gran cantidad ya tiene un negocio o está pensando en hacerlo.

LA EMPRESARIA: EL MOTOR DE ARRANQUE DEL NEGOCIO

Los expertos *(www.sba.gov)* recomiendan que antes que nada, evalúes tu carácter, tus habilidades y tus condiciones actuales para saber si posees las características, el tiempo y la energía que un negocio propio te va a requerir.

193

Maria Romo

Ser empresaria o dueña de tu negocio te va a exigir como mínimo:

✓ Que dispongas de empuje, dedicación y esfuerzo.

✓ Que puedas crear resistencia a los fracasos y al rechazo.

✓ Que no le temas a los cambios y te ajustes a ellos porque los habrá en planes de manera inesperada, así mismo que puedas aceptar un alto grado de incertidumbre.

✓ Que estés dispuesta a trabajar días de hasta 12 horas o más, seis y siete días a la semana por varias semanas consecutivas.

✓ Que aprendas a tomar riesgos calculados y sacar conclusiones basadas en información y no solo en tu intuición.

✓ Que puedas tomar decisiones bajo presión y sin tiempo de consultar con otra persona.

Maria Romo

- ✓ Que tengas habilidad para comunicarte y llevarte bien con todo tipo de personas.

- ✓ Que seas organizada, planifiques y tengas la tenacidad de llevar a cabo esos planes.

- ✓ Conocer qué necesitas para manejar un negocio o que estés dispuesta a aprenderlo.

- ✓ Que seas capaz de reconocer las cosas que no puedes hacer tú mismo y que tendrás que delegar o contratar a otra persona para que las realice.

- ✓ Tienes que considerar si estás en el momento adecuado para arrancar una empresa.

- ✓ Si te convendrá primero arrancar el negocio en tu tiempo libre y luego hacerlo a tiempo completo, o dedicarte 100% al mismo desde el principio o delegarlo a otro.

Maria Romo

- ✓ Si iniciarás tu negocio sólo o con el apoyo de un socio o socia.

- ✓ Si podrás prescindir de un ingreso fijo (tu sueldo de empleado) mientras arrancas el negocio, así como de otros beneficios como seguro de salud o vacaciones.

- ✓ Si tú y tu familia podrán ajustarse a las exigencias de tiempo y energía requeridos.

EL NEGOCIO: IDEAS QUE SE CONVIERTEN EN REALIDAD

Una idea original por sí sola no es garantía de éxito en los negocios, pero puede marcar la diferencia entre un producto o servicio y un concepto novedoso. Quién diría que vender café podría llegar a ser un negocio del tamaño de *Starbucks*, sobre todo cuando cuesta 3 y 4 veces más que un café "estándar" en otros establecimientos. Warren Buffett, uno de los más millonarios del mundo y famoso por seleccionar negocios exitosos opina que "en una empresa orientada a los productos estándares, uno es tan inteligente como el competidor más tonto. El detalle está en encontrar el nicho que llene un hueco en el mercado. Por ejemplo, un producto o servicio que tenga una alta demanda o que esté poco ofertado. Para evaluar si un negocio se ajusta a ti y si una idea tiene cabida en la realidad del mercado, pregúntate:

¿Me gusta lo que estaré haciendo?

¿Soy buena en esa actividad o puedo aprenderla y llegar a ser una experta?

¿Puedo especializarme en un nicho particular o servir a un mercado concreto?

¿Puedo ponerlo a prueba primero?

¿Conozco cuál sería mi competencia?

¿Qué hace mi producto/servicio diferente?

¿Qué posibilidades de crecimiento tendría?

¿Podría traspasar o vender el negocio?

Maria Romo

LA ESTRUCTURA: ENTIDAD CON LA QUE DESARROLLARÁS TUS IDEAS Y METAS

Ya sabes qué negocio quieres hacer. Tal vez se trate de fabricar un producto o dar un servicio. Ahora es el momento de definir si vas a hacerlo solo o con socios y cómo van a organizarse.

Hay tres estilos generales de empresas:

El dueño único trabaja bajo su nombre o usando un nombre ficticio. Te da control en un 100% y se declara junto con los impuestos personales.

Las sociedades incluyen dos o más personas que comparten la responsabilidad del negocio, de las deudas y del trabajo.

Las compañías por lo general, tienen personalidad jurídica independiente y los socios tienen responsabilidad según su participación en acciones; las declaraciones fiscales se hacen por separado de las personales aunque hay una

Maria Romo

modalidad que permite pagar los impuestos junto con los personales; esta es la que se conoce como **S Corporation**, mientras que las regulares se le llaman **C Corporation**.

AHORA NECESITARÁS REGISTRAR TU EMPRES.

No hay que ser abogado para registrar una compañía, de hecho en muchos estados se puede hacer el registro de la empresa por Internet. Pero es vital que conozcas qué leyes aplican para cada tipo de entidad y los procedimientos a seguir para los permisos requeridos. En este paso vas a necesitar de mucho apoyo y asesoramiento de profesionales, para:

1) Consultar con un abogado las características de cada tipo de entidad y definir la que se ajuste mejor a tus necesidades. También un abogado puede asesorarte sobre los detalles a seguir si necesitas registrar o patentar un producto o una idea propia.

Maria Romo

2) Averiguar con un contador las ventajas y desventajas fiscales, también te orientará sobre la documentación que necesitas para hacer los informes fiscales, como sería obtener el Número de identificación fiscal del IRS para la empresa, cuáles son los informes que deberás producir y cada cuánto tiempo, así como licencias, permisos y otros requisitos estatales o locales, por ejemplo, si tendrás que recolectar impuestos de venta o *sales tax* y cómo se paga éste.

EL PLAN DE NEGOCIOS: UN MAPA DE NAVEGACIÓN

Es posible que tengas la idea clara, pero deberás ponerla en papel, esto te ayudará a visualizar todas las cosas que necesitas para los trámites del negocio, detectar las que puedas haber pasado por alto, conversar con tus asesores como, abogado o contador, y sacar las cuentas de cuánto dinero necesitarás para tu proyecto.

Maria Romo

El plan de negocios, es el primer documento que te exigen para solicitar un préstamo, pero además es un resumen de lo que piensas hacer con tu proyecto, un mapa de las cosas a implementar. Deberás...

-Presentar la visión general del proyecto

-Indicar quienes son los responsables del proyecto

-Definir el mercado o nicho

-Analizar las características económicas

-Detallar la necesidad de dinero

-Mostrar cómo realizarás el control de gestión

-Listar las estrategias de mercadeo

-Definir los

¡PONERLO TODO POR ESCRITO!

Algunas cosas tendrás que asumirlas según tu mejor criterio o el de tus asesores, esto es normal, pero anota cuál es la intensión.

201

Maria Romo

Así, después podrás comparar qué tan cerca estaban tus estimaciones de la realidad.

Si sientes que no dominas el inglés lo suficiente como para comunicar bien tus ideas sobre el negocio y sus detalles, escríbelo en tu idioma. Puedes leer qué debes incluir paso a paso, y ver ejemplos reales, en la página Web del SBA. Una vez lo tienes en papel, busca traducirlo y adaptarlo al inglés. Esto pudiera hacerlo un especialista en el manejo de proyectos que sea bilingüe. Tendrás que invertir un poco más de dinero, pero vale el esfuerzo para demostrar a quienes leerán el plan de tu proyecto que tienes la inventiva para superar los obstáculos que se presenten en el camino de llevar a término tu proyecto.

CINCO ERRORES TÍPICOS DE LOS PLANES DE NEGOCIO:

1) Incluir planes a futuro más allá del primer y segundo año de funcionamiento.

Maria Romo

2) Ser muy optimista al definir las variables que afectarán al negocio: ingresos, gastos.

3) No hacer una investigación realista del mercado o de las necesidades del negocio.

4) Escribirlo para salir del paso, para cumplir un requisito, y luego archivarlo.

5) Una vez obtenido el financiamiento, nunca más ver si estás en buen camino.

LA REALIDAD: EL TERRENO DONDE SE PONEN A PRUEBA LAS IDEAS

En este paso vas a evaluar una vez más la factibilidad del proyecto:

- Actúa como si fueras tu peor enemigo y critícalo todo, pon todo en duda.

- Busca soluciones a cada uno de los posibles fracasos.

Maria Romo

- Contacta asesores expertos para aconsejar todas las áreas de administración. Los asesores voluntarios podrán compartir contigo su experiencia gerencial y técnica y te darán una opinión externa de las posibilidades de éxito de tu proyecto.

Evalúa tu investigación y si ves signos de que pueda llegar a NO ser un negocio productivo, decide si éste es un buen momento de parar, de invertir tu tiempo, dinero y esfuerzo en el proyecto hasta una mejor oportunidad.

Estos son algunos de los problemas típicos que se presentan, piensa cómo los resolverías:

- El precio de tu producto/servicio es muy caro para competir en el mercado.

- No puedes con la competencia de precios/calidad/cantidad del mercado.

- Tus costos son más altos que tus ingresos.

Maria Romo

- No sabes cuales son las reglas que se aplican al ramo, como licencias, permisos, etc.

- Hay un desastre natural que afecta el área donde te desempeñas o afecta a tu negocio.

- No sabes nada de manejar una empresa y no entiendes los informes que te dan.

- No posees capital propio para garantizar un préstamo o para arrancar por tu cuenta.

EL DINERO ES EL COMBUSTIBLE PARA TU MOTOR EMPRESARIAL

Según Sal Gómez, presidente fundador de **BIC** "el acceso a fuentes de capital para financiar una empresa es sólo una de las barreras que traban el camino al éxito de los pequeños empresarios". Gómez destaca la falta de acceso a la información completa y relevante sobre el sistema de negocios en EE.UU. como la primera de las barreras a romper, le sigue el dinero, pero eso no quiere decir que no hay como superar esa traba.

Maria Romo

Entre los recursos típicos que muchas personas usan para financiar un pequeño negocio están:

- Los ahorros personales

- Préstamos sobre cuentas de retiro

- Venta de otros activos

- Herencia adelantada

- Tarjeta de crédito

- Préstamos personales

- Préstamos sobre la casa

- Préstamos de algún familiar

Para quienes no disponen de crédito o de activos de ningún tipo, existen recursos comunitarios para desarrollar un negocio y están los recursos externos: préstamos entre las instituciones bancarias y el prestatario, programas para el desarrollo de negocios, **Inversionistas privados** a veces llamados

Maria Romo

"socios capitalistas aventureros" o en inglés *venture capitalists,* **los ángeles inversionistas.**

EJECUTAR PONE A PRUEBA EL MEJOR DE LOS PLANES

De nada sirve que inviertas mucho tiempo en hacer el mejor plan de negocios, que tengas una idea revolucionaria o consigas que crean en tu proyecto y obtengas el financiamiento, si no llevas el plan a la práctica. Para este momento seguramente ya tienes el diseño de tu plan, un adelanto de la investigación y, si ya cuentas con financiamiento, es la hora de hacer trabajar el plan, pero aplícalo con cuidado, siguiendo las metas y estrategias que has definido. Si tu plan indica que implementes una campaña de publicidad "X", no caigas en la tentación de cambiarla solo porque te llega una "oferta fabulosa", seguramente pasaste horas investigando y definiendo la mejor estrategia para ahora cambiarla ¡en la euforia del momento!

Maria Romo

Si necesitas introducir cambios de último momento, evalúa su impacto en todos los aspectos del proyecto, haz el cambio en el plan primero (en el documento) y después en la realidad, eso te ayudará a ver su "efecto" antes de tomar una acción, en este momento necesitarás poner en práctica tus habilidades de líder para manejar el equipo y tu capacidad administrativa para controlar el negocio. Seguramente este es el momento más cercano para abrir las puertas de tu local o para que conozcan tus servicios. Examina de nuevo el proyecto, si tienes que dar vuelta atrás, cambiar de rumbo o desistir, hazlo ahora, a veces, el mejor empresario es el que sabe cuándo cambiar de rumbo o cuándo desistir de una iniciativa por completo.

LA PROMOCIÓN TE ABRE AL PÚBLICO

Todo negocio necesita promoción, desde las recomendaciones de boca en boca hasta las promociones o campañas de publicidad, el objeto es ganar nuevos clientes. La SBA

Maria Romo

recomienda que dentro del plan de negocios desarrolles con detalle **las estrategias de mercadeo** que usarás en cada una de las etapas de la empresa, desde los preparativos, antes de abrir las puertas al público hasta los mecanismos de contacto con la empresa, la comunicación y los planes para sacar provecho de la tecnología como teléfonos, fax, correos electrónicos, webs, redes sociales, blogs, hacer *e-commerce* o comercio electrónico y otros recursos de los nuevos medios tecnológicos.

CONTROLA TU NEGOCIO EVALUANDO

Simultáneamente tendrás que atender a tus clientes y crear los productos, así se maneja la empresa, ese es el trabajo de "escritorio", necesitarás implementar mecanismos para cumplir con la parte administrativa de tu plan. Aquí es importante que conozcas los elementos básicos de contabilidad para llevar el control del día y mantener buenos archivos para cumplir con los requisitos como empresa, pero además al familiarizarte con los informes que se

209

Maria Romo

generan podrás usarlos para evaluar el desempeño actual de la empresa y sus pronósticos.

Dentro de tu plan administrativo deberás considerar:

- Los mecanismos de **control de gestión** que necesitas establecer (cómo vas a facturar, cómo será la cobranza, el pago de facturas y la nómina de empleados, etc.).

- Implementar **el plan de flujo de caja** y sus proyecciones basadas en un presupuesto acorde con las estimaciones para el primer año en tu plan de negocios.

- Diseñar una estrategia para comenzar a crear un capital de trabajo.

- Si tienes empleados debes conocer todo lo referente a las responsabilidades del patrón, así como los detalles de cualquier contratación, seguridad laboral e impuestos de nómina.

Maria Romo

- Prevé las necesidades de seguros de responsabilidad civil y para la protección de tus activos, edificaciones, equipos e ingresos en casos de desastres, etc.

No importa cómo decidas llevar tu negocio, hay que rendir cuentas al IRS y otras dependencias de gobierno, aunque no tengas que pagar impuestos porque aún no estás generando ganancias y, si tienes empleados, cumplir los compromisos de nómina, con los programas obligatorios como el **Seguro Social,** el programa de desempleo, los impuestos estatales y locales retenidos, así como depositar los impuestos de venta si los recolectas; no es obligatorio que hagas estos informes tú mismo, pero igual como sucede con los impuestos personales, que así tu contador quien saque todas las cuentas, al firmar la planilla tú también te haces responsable de su contenido y deberás saber que se cumplen todas las reglas.

"MUJER, DE EMPRENDEDORA A EMPRESARIA"

Maria Romo

14.- IDEAS DE NEGOCIOS A REALIZAR DESDE CASA

¿Te gustaría trabajar desde casa? Nunca más llegar tarde al trabajo, adiós violencia al volante, nunca más en el autobús, ya no comida rápida, ni colegas escandalosos. ¿Sería sensacional, no crees?

Debido a las tendencias sociales y económicas, las tecnologías necesarias para establecer una oficina en casa se encuentran disponibles para todos, son relativamente baratas y fáciles de usar por las personas. Además, cada vez más mujeres buscan horarios flexibles para cuidar a sus hijos o padres mayores.

Muchas mujeres relacionan el trabajo desde casa con el comienzo de un negocio en el hogar y convertirse en empresaria, pero cada

213

Maria Romo

vez más empleadores ofrecen esta opción a los trabajadores con el objeto de atraer y mantener a los mejores empleados. Ahora, puedes encontrar trabajo, solo busca en internet usando los términos que incluyan "trabajar desde casa", "oficina en casa" y "trabajar a distancia." Además, incluso si el trabajo se publica como de oficina, aquí te presentamos 10 ocupaciones que son compatibles con el trabajo a distancia que podrían estar en tu futuro.

Asistente Administrativo. Esta actividad representa millones de trabajos en Estados Unidos en los últimos años, son unas de las mayores ocupaciones del país, también conocidos como asistentes virtuales, los asistentes administrativos en el hogar usan su experiencia en oficina y sus habilidades computacionales como personal de apoyo. Muchas personas se adaptan fácilmente a este cargo que ofrece muchas oportunidades de medio tiempo y temporales.

Maria Romo

Agente De Ventas De Publicidad. La cantidad de dólares gastados en publicidad sobrepasa cientos de millones de dólares. Los representantes de ventas de publicidad venden o solicitan lugares para realizarla en publicaciones impresas, anuncios personalizados o avisos publicitarios en la radio y la televisión, a la vez que la publicidad en línea crece rápidamente.

Planificador De Eventos Para Empresas. Empleado por una empresa privada en vez de un hotel o centro de convenciones, estos profesionales coordinan actividades del personal incluidas reuniones grupales, presentaciones con los clientes, eventos especiales, convenciones y viajes.

Ingeniero En Software. Se estima que la ingeniería en software para computadoras será una de las ocupaciones de más rápido crecimiento. Entre sus labores se incluye el diseño, desarrollo, prueba y evaluación de software. Se recomienda la capacitación constante para esta industria que se desarrolla rápidamente.

Corrector De Estilo. En general revisan y editan el texto de un escritor para analizar la precisión, el contenido, la gramática y el estilo. Este es un campo competitivo; sin embargo, el fomento de las publicaciones y servicios en línea aumenta la demanda de escritores y editores, en especial de aquellos con experiencia en la web.

Editor Gráfico. Utilizan un software para dar formato y combinar texto, imágenes, tablas y otros elementos visuales para producir material listo para su publicación. Entre las labores de esta profesión de rápido crecimiento se encuentran la redacción y edición de texto, la creación de gráficos, la conversión de fotos e ilustraciones en imágenes digitales, el diseño de páginas y el desarrollo de presentaciones.

Digitador. Tal como sucede con los asistentes administrativos, las perspectivas de trabajo son mejores para los que cuentan con experiencia en las aplicaciones de software computacionales. Al digitar texto, ingresar datos en una computadora y realizar otras labores administrativas, estos trabajadores aseguran que las empresas se mantengan al día con la información y la tecnología.

Corredor De Seguros. Los corredores de seguros funcionan como el enlace principal entre la compañía y el agente de seguros. Los corredores analizan las aplicaciones del seguro, calculan el riesgo de pérdida de los titulares de la póliza, deciden si emitirla y establecen las tarifas de las primas adecuadas.

Analista En Estudios De Mercado. Los analistas en estudios de mercado reúnen información sobre la competencia, analizan precios, ventas y métodos de marketing y distribución, crean encuestas, recopilan y evalúan la información, realizan sugerencias a su cliente o empleador de acuerdo con sus resultados.

Maria Romo

Asistente Jurídico. Aunque los abogados asumen la responsabilidad principal de su trabajo, delegan una buena parte de éste a los asistentes jurídicos. Estos no solo ayudan en la preparación de cierres, audiencias, juicios y reuniones empresariales, sino que también realizan otras funciones vitales, entre ellas, redacción de contratos, hipotecas, acuerdos de separación, instrumentos de fideicomiso, además, pueden ayudar a preparar la devolución de impuestos y planificar herencias. Debido a que los empleadores están reduciendo los costos reemplazando las labores que una vez correspondieron a los abogados por asistentes jurídicos, se espera el crecimiento de esta profesión.

ACTIVIDAD:

¿CONOCES OTRA ACTIVIDAD PRODUCTIVA QUE TE GUSTE Y PUEDAS REALIZAR DESDE TU CASA?

_____

_____

Maria Romo

_____

_____

_____

_____

SIEMPRE TEN UN PROPOSITO EN LA VIDA Y VIVELO!

Mantén viva dentro de ti la semilla de la grandeza, porque una vez que es plantada y abonada diariamente se convierte en un gran árbol de raíces profundas, así es el éxito.

Tu has sido creada con un propósito, antes de que tu nacieras ya existía ese propósito. Nada en la vida es creado para después buscar su utilidad. En la creación no existe la casualidad, hay propósitos. Empieza a buscar en tu interior cual es el motivo por el cual has sido creada y descubrirás un mundo de felicidad, porque el objetivo de nuestro creador es que cumplamos nuestro propósito, y al cumplirlo es cuando alcanzamos la verdadera felicidad y realización en nuestras vidas.

219

Maria Romo

Hay cuatro preguntas que te acercarán a reconocer tu propósito, dedica un tiempo a encontrar las respuestas y revísalas constantemente, escríbelas y ponlas en algún lugar visible para que las veas todos los días:

¿Qué se requiere que yo haga?

¿De lo que hago, qué aporta mayor satisfacción a mi vida?

¿Qué aporta más retribución a mi vida de forma integral?

¿Cuándo ya no esté en este mundo, que cosas me gustaría que dijeran de mí y cuáles me gustaría que recordaran?

El Dr. Anthony Campolo nos habla de un estudio realizado a personas de noventa y cinco años de edad, se les hizo una pregunta, sí pudiera vivir su vida otra vez, ¿qué cosa haría de diferente manera? Aún cuando era una pregunta abierta, tres respuestas se encontraron de forma repetitiva:

Maria Romo

-Si pudiera hacerlo otra vez, reflexionaría más.

-Si pudiera hacerlo otra vez, me arriesgaría más.

-Si pudiera hacerlo otra vez, haría más cosas que continuaran viviendo después de que yo muriera.

Permítame decirle, USTED AUN PUEDE HACERLO...No espere al último suspiro para pensar en las oportunidades que tuvo y desaprovechó en su vida.

Tu Idea... ¡Puede Cambiar Tu Futuro!!!

Todo lo que en tu mente puedas creer, lo puedes crear. Los grandes logros que han enriquecido tanto a la humanidad han surgido del pensamiento de alguien que creyó que podía hacerlo posible, tomó acción y lo realizó, aún cuando las circunstancias demostraban que no era posible.

El 25 de mayo de 1961 el presidente Kennedy hace la afirmación de que "antes de que finalice la década veremos al hombre en la luna". Muchos lo creyeron imposible, pero, el 20 de julio de 1969 (8 años después) luego de un viaje de 400,000 kms. Neil Armstrong y Buzz Aldrin daban el primer paso en la luna, a lo que Armstrong dijo: "es un pequeño paso para el hombre, pero un salto gigantesco para la humanidad". Se había logrado el sueño de un hombre, es una pena que el Presidente Kennedy no estuviese vivo para verlo.

Tu idea puede no cambiar al mundo, pero puede cambiar el tuyo, y ahí empieza lo mejor. Cree, todo es posible para el que cree. Aquellos que creyeron en sus sueños decidieron dar los pasos para conquistarlos y han ido transformando al mundo. La suerte es para aquellos que se quedan en medio, esperando que alguien más decida por ellos...

Maria Romo

15.- CONSEJOS MILLONARIOS

1) REGLA # 1 "Nunca pierdas dinero". REGLA # 2 "Nunca olvides la regla # 1"
2) No ahorre después de gastar, gaste después de ahorrar".
3) Nunca invierta en un negocio que usted no pueda entender.
4) Para ser capaz de explicar sus errores financieros, usted debe hacer las cosas que comprende completamente.
5) El tiempo es amigo de los buenos negocios. Algunas cosas solo necesitan tiempo. No puedes tener un hijo en un mes, el proceso es de 9.
6) El riesgo viene de no saber lo que se está haciendo.
7) Cuanta menos prudencia exhiban los demás en conducir sus asuntos, tanta

Maria Romo

más prudencia deberemos mostrar nosotros en los nuestros.

8) No es posible hacer un buen negocio con una mala persona.

9) No hay nada como poner las cosas por escrito para obligarte a pensar y a ordenar los pensamientos.

10) No hay que batear todas las pelotas, hay que esperar la correcta, así el público te presione.

11) El optimismo es el enemigo del inversor racional.

12) Sáquele provecho a lo que usted sabe, ahí está la riqueza.

13) En los multimillonarios que conozco, el dinero sólo acentúa los rasgos de personalidad que ya tenían.

14) Siempre supe que iba a ser rico, nunca lo dudé, ni siquiera por un minuto.

WARREN BUFFETT

Maria Romo

Uno de los cuatro hombres más ricos del mundo.

TU ERES UNICA, tus propósitos, tus experiencias, tu vida es única!

1) Conócete más y confía en ti.

2) Tienes que saber lo que quieres y para qué.

3) Lánzate aunque tengas miedo.

4) Escucha siempre tu instinto, sigue tu intuición.

5) Visualiza tu meta.

6) Rodéate con gente positiva y con visión.

7) Aprende de la vida y de los demás.

8) Suelta, haz ajustes y cambios cuando sea necesario.

9) Mira tú misión y responsabilízate.

Maria Romo

10) Cree en que la vida misma te ha preparado para vivir y que nadie puede hacerlo mejor que tú.

Maria Romo

Reflexión

Amiga Empresaria:

Este libro es una herramienta que parece sencilla pero encierra un gran poder que te hará actuar y sentir de lo mejor si lo tomas en serio. Será un buen vehículo para ayudarte a entablar una relación más sinérgica con tu mente y la acción. Influirá de forma positiva en tu vida y te animará a ser una triunfadora.

Pocas son las personas que alcanzan un éxito notable a diferencia del enorme número de personas con la que se la pasan quejándose, y que viven en la resignación cuando en realidad podrían conquistar el mundo. El éxito está para todos, los triunfadores tienen éxito

227

porque tienen el hábito de hacer aquello que los fracasados no hacen y que en realidad es sencillo si cuentas con una herramienta como ésta y abres tu mente a nuevas oportunidades. Recuerda que: "somos lo que pensamos", los pensamientos que dominan tu mente son los principales responsables de la situación en la que te encuentras. El entorno influye, tu familia, tu niñez, el país, la ciudad donde vives, sus leyes, tus experiencias, tus estudios, tu pareja y todo lo demás que se te ocurra, pero todo esto pierde fuerza frente a tus pensamientos y creencias que te controlan, son tus creencias las que rigen tu vida, ellas desencadenan tus estados de ánimo y esto influye en tu actitud frente a la vida, determina la calidad de tus acciones y por ende, el resultado de las mismas. Los resultados que tus esperas de la vida comienzan con tus creencias y éstas determinan tus resultados y la situación en la que estás. Tú puedes y tienes todo el derecho de cambiar tus creencias y pensamientos, repitiendo constantemente tus

Maria Romo

creencias positivas que te ayudan a reemplazar a aquello que te limita y que podrían estar dominándote. Se necesita pagar un pequeño precio en esfuerzos, solo así puedes cosechar el triunfo, pero justo ahí es donde mucha gente se niega a pagar y por ello están como están, imagina lo siguiente, que le dices a alguien "María, tengo para ti un millón de dólares, pero para poder dártelos, necesito que primero inviertas 100 dólares y ganas un millón, y por increíble que parezca, la mayoría de las personas, pierde ese millón de dólares por no invertir esos 100 dólares en forma de un precio, de una pequeña inversión, ya sea por desconfianza, por miedo, por comodidad o por lo que sea, la gente pierde la posibilidad de conseguir un millón de dólares por no invertir 100. Lo mismo ocurre con este hábito, la vida siempre te hace pagar un precio por todas las cosas, y en este sentido el precio radica en crear un hábito de excelencia y que la persona lo viva, que incluya esfuerzo, dedicación, constancia y enfoque. Cambiar creencias negativas por

229

Maria Romo

positivas, que te ayuden a conquistar tus metas y eso depende solamente de ti, pero tampoco es complicado, solo necesitas convertir este principio del cambio de creencias por el hábito de autosugestionarte a diario, con el tipo de pensamiento que te conviene tener en tu mente, los cuales deben ser coherentes con los resultados que quieres alcanzar, con tus metas, con tu visión y tus valores, a ti deberás rendirte y confiar plenamente, entonces comenzará a darse la magia para tu beneficio; presta mucha atención a lo que te va sucediendo porque no será algo que ocurra en un momento especifico, algo que puedas marcar visiblemente y que digas "aahhh hoy ocurrió el cambio" nooo, no es así, es algo imperceptible, pero imparable, comenzarás a despertar la magia que escondes en ti y que cada persona lleva consigo de una manera u otra, solo piensa en lo siguiente, todo ese material que tienes internamente, todo ese potencial que encierras, el poder de comunicación que tienes, tu evolución, todo ese material, nadie te lo entregó para que lo

Maria Romo

desperdicies, tienes un potencial, una mente, que esta para que le saques todo su poder y en este sentido esta información te ayudará a comenzar este camino o a continuar el que ya iniciaste.

Lee este libro varias veces, léelo todos los días, así comienzas y terminas un día productivo y eso te ayudará a conquistar tus metas.

¿De acuerdo? Bien, comienza ya y ejerce lo que vas aprendiendo.

Te deseo realmente el mejor de los éxitos en todos los sentidos tu amiga y servidora

MARÍA ROMO

mariaromo.org

"MUJER, DE EMPRENDEDORA A EMPRESARIA"

Maria Romo

BIBLIOGRAFIA

"El Camino Al Liderazgo", Autor Elizabeth O'Leary

"Como Cambiar Tus Resultados Personales. 20 Consejos", "Cómo Alcanzar el Éxito", "Cómo Ser Feliz", Autor Manuel Giraudier

"Tu Imagen Habla por Ti", Autor: Margarita Castillo Castillo

"Los Retos de la Mamá Emprendedora", Autor Ivonne Vargas H.

"5 Características de una Mujer Visionaria", "Sabias Que Existen 5 Tipos de Mujeres Soñadoras", Autor: Rosy Viñas

"Del Fracaso a la Grandeza", Autor Liliana Dercyé

"Mujer Empresaria, Líder y Protagonista", Autor José E. Villacís Mora

"De la Idea al Emprendimiento", Autor Mariano A. Rodríguez

"Siete Errores Comunes en la Idea del Fracaso", Redactores Mailxmail

"10 Pasos Hacia el Éxito", Autor Team Sucess

233

Maria Romo

"10 Negocios Que Te Permiten Trabajar Desde Casa", Autor Kate Lorenz

"10 Características Comunes de las Mujeres Empresarias Comunes", Autor: SBA

"Las Mujeres y las Actividades Productivas", Autor Susana Bazán

"Características de las Empresarias Exitosas", mujeresdeexito.com

"Cómo Convertirse en un Orador", Autor George Kops

"Relaciones Públicas", www.wikipedia.com

"8 Secretos de las Microempresarias Exitosas", Autor: Viridiana Mendoza Escamilla

"10 Pasos Básicos para Abrir tu Propio Negocio", Autor: Elianne E. González (© Power Content Inc.)

"Afirmaciones para Conaquistar el Éxito", Audiolibro Autor Jordys R. González

"Plan de Negocios", Endeavor México

"Consejos Millonarios", Autor Warrent Buffett

Comentarios y consejos entre amigos, vía presencial o internet.

Maria Romo

Si existe en este libro algún tema, frases o palabras propiedad de alguien en particular y no se encuentra mencionada aquí, les pido disculpas anticipadas, y háganmelo saber con detalles al email mundo_romo@hotmail.com, para que en el siguiente libro darle el crédito correspondiente.